我的第一本理财投资指南

穆安玲◎ 著

中国铁道出版社有限公司
CHINA RAILWAY PUBLISHING HOUSE CO., LTD.

内 容 简 介

作者根据实际经验，总结提炼出初级投资者需要了解、学习的投资知识和投资理论，包括投资要素、收益、风险、资产等；介绍适合初级投资者的主流投资产品，如银行理财、基金、股票、可转债等；根据实例介绍并讲解适合初级投资者使用的具体投资方法和投资策略，手把手教读者进行操作；引导投资者建立正确的投资观念及自己的投资体系。

本书内容理论丰富、重点突出、风格轻松，结合实盘教授投资者进行操作，实操性较强，适合于缺乏投资知识的初级投资者，或希望系统学习、掌握投资策略的投资者。

图书在版编目（CIP）数据

我的第一本理财投资指南 / 穆安玲著 . —北京：
中国铁道出版社有限公司，2021.10
ISBN 978-7-113-28244-8

Ⅰ. ①我… Ⅱ. ①穆… Ⅲ. ①投资 - 基本知识
Ⅳ. ① F830.59

中国版本图书馆 CIP 数据核字（2021）第 162514 号

书　　名：我的第一本理财投资指南
WO DE DI-YIBEN LICAI TOUZI ZHINAN
作　　者：穆安玲

责任编辑：张亚慧　　编辑部电话：（010）51873035　　邮箱：lampard@vip.163.com
编辑助理：张秀文
封面设计：宿　萌
责任校对：安海燕
责任印制：赵星辰

出版发行：中国铁道出版社有限公司（100054，北京市西城区右安门西街 8 号）
印　　刷：北京柏力行彩印有限公司
版　　次：2021 年 10 月第 1 版　2021 年 10 月第 1 次印刷
开　　本：700 mm×1 000 mm　1/16　印张：12　字数：160 千
书　　号：ISBN 978-7-113-28244-8
定　　价：59.00 元

前　言

随着经济发展，个人投资需求急剧增加，但大部分初级投资者投资知识欠缺，急需进行投资知识学习，了解投资产品，掌握一定的投资方法，从而进行合理的个人投资。我也是从“投资小白”一步一步成长起来，切实遇到和经历了投资小白在初入投资门槛后所遇到的问题和艰辛。因此，希望能将自己的投资经验和理解落笔、整理成册，和大家分享探讨，一起进步。

在我从“投资小白”起进阶的道路上，遇到较多的问题主要有以下几点：

（1）市场上大部分投资产品条款内容生涩难懂，风险不易评估，初级投资者很难进行正确的选择；

（2）大部分投资教学书籍专业术语较多，对于初级投资者来说可读性不高；

（3）对于初级投资者真正关心的如何选择投资产品、有什么投资策略和投资方法、如何进行投资实际操作等实操性内容，大部分书籍是一笔带过，并不能满足投资者读完就能实际操作的需求；

（4）部分聚焦实操的数据往往有局限性，并不利于初级投资者构建完整的交易思路和投资体系。

基于此，本书将重点内容分为两部分：第一部分主要介绍投资的基本概念和理念，使投资者能快速理解、掌握投资所需的基本知识，并合理地认识投资收益和风险；第二部分则聚焦于投资实操，介绍几种比较适合初级投资者的投资方法和策略，使投资者能上手实际操作，最好能有所收获。

授人以鱼，不如授人以渔。随着网络信息行业的发展，各类财经博主层出不穷，其中确实有干货满满的，但也有很多滥竽充数的，作为新手投资者，往往会被一些博主的实盘收益、预测分析迷惑，然后莫名其妙地跟着买入其推荐的产品，我也有过这个阶段。但慢慢发现，盲目跟从一些博主，不仅自己不会有任何进步，还常常会落得一身亏损。究其原因是自己没有完整的投资思路和理念，没有评判和分析的方法，因此我对入门投资者的建议还是先聚焦于投资知识的学习和投资理念的搭建，只要掌握了正确的投资观念和投资方法，收益只是时间问题，完全不用着急。

这里真心希望大家都能有合理的投资意识，找到符合自己的投资方法并有所收获，也希望大家能重视风险问题，并能持续学习、进步，顺应市场变化。

最后想和大家说，投资只是我们生活中的一部分，和吃饭、睡觉、工作、娱乐一样，并不是、也不应该是我们生活的全部。投资的目的是能实现资产的保值、增值，那么资产增值、保值的目的又是什么呢？这个问题在本书中将会进行讲解。也祝愿大家在投资和生活中都能做到不偏激、不怯懦，不忘初心、方得始终，最后，请大家牢记：任何投资都有风险，我们一定要慎之又慎！

作　者

2021 年 6 月

目 录

第 1 章

为什么要投资

我们经常能听到关于投资的讨论，比如，应该买什么股票、卖什么基金、×××通过投资赚了多少钱。当然，我们也听到过很多比如投资失败心灰意冷，甚至妻离子散的悲惨案例。那么到底是什么引发人们如此热衷地关注投资呢？

1.1 财富获取的方法

谈到投资，一定绕不开的就是对财富的追求。不管是初入职场暂无积蓄的小青年，还是已经家财万贯的商业精英，他们都有对财富的追求和渴望。诚然财富不是衡量人生的唯一标准，但不可否认的是，财富的增长的确会让我们的生活更加舒适和自由。

1.1.1 谈钱不俗

先问大家一个问题，怎样才算是拥有成功的人生？这个问题的答案就很多了，比如成就一番事业，让家人幸福、扬名立万、体验人生等。再拆解到小目标上，比如想要健康、名誉、财富等，但毫无疑问，不管想要的是什么，财富永远都是一个绕不开的话题。

绝大多数人并不会公开谈论和财富相关的事情，比如彼此的收入、自己对金钱的渴望等，似乎谈钱或者表达对财富的渴望是一件很粗俗的事情。

为什么会这样呢？笔者的感觉是，因为财富是一种比较容易看得到的衡量标准，用来对比不同人之间所谓的成功程度。其实成功有很多种，名誉、声望、学识、权力甚至健康，都可以是成功的衡量标准，但并不能直观地看出两个人谁的学历更高，或者不同领域的两个人谁更专业，有什么直观且不分条件的比较手段呢，那就是财富了。

正因为财富有这样一个可用于衡量成功与否的显性比较的特性，所以大部分人都希望自己能更有钱，从而看起来更加成功。而财富的多少一旦成为衡量一个人是否成功的标准，那么我们拥有的财富就会变成一种比较微妙的事物了。大家忌讳谈论自己的收入，或者买各种名牌奢侈品来使得自己看起来更加有钱，从而显得更加成功。

但财富仅仅是如此吗？仅仅是我们衡量成功的标准吗？或者是用来炫耀的资本？并不是。事实上，之前提到的人类可能想要的一切——名誉、权力、健康、事业、伴侣、学识等，都是可以通过“时间+财富”来获得的，时间对所有人来说都是公平的，所以，财富就是我们追求自己想要的生活的坚实途径。

1.1.2　钱从哪里来

既然财富是每个人追求自己想要的生活的坚实途径，那么，钱从哪里来这个问题就很重要了。对于钱从哪里来这个问题，大家应该都有自己的理解，这里大致总结出两种途径。

1. 劳动性收入

劳动性收入即“人生钱”，它和职业相关，所以选择职业很重要，从大的角度说，行业是人力资本积累的体现，从本质上决定了一个人收入的增长曲线和周期长度。之前在互联网圈知名度很高的著名讲师梁宁老师分享过一个个人发展的点、线、面、体、逻辑的思想。个人是点，你的努力和升迁是曲线，但都依附在某一行业上，而这个行业又是某个经济体的构成面，个人的努力终究有限，还得趁着经济体的发展周期实现人生的跨越。在这个过程中，不管是个人的努力还是行业发展，抑或经济体的发展都会对个人的劳动性收入产生比较大的影响。

2. 资本性收入

资本性收入即“钱生钱”，是通过资本投资进行获利的收入。为什么可以通过已有的财富来获利呢？因为获得财富是有时间成本的。简单地举个例子，把钱放到银行，银行会给你利息，这就是资金的时间成本的体现。另外，在投资过程中，我们需要承担一定的风险，这部分风险也会给我们带来部分收益。资本性收入可以理解成和个人的努力、个人从事的行业的关系都不太大，只要有一定的原始资本，并且有合理、合法的投资产品和方法，就有机会获得的收入。

1.1.3 资本性收入

劳动性收入和资本性收入的不同点是，劳动性收入是需要付出劳动的，比如上班就需要每天去公司朝九晚五地做，或者开店、做自由职业，都需要投入时间和劳动才会有收益。而对于资本性收入，个人的努力并不需要太多。那么我们为什么要追求资本性收入呢，主要有以下几个原因。

1. 真正的“睡后收入”

我们一直在追求所谓的“睡后收入”，想追求一种不用劳作也能赚钱的状态。事实上和其他收入相比，投资收入可以算得上是真正的“睡后收入”了。比如著作和专利，虽然可以让人在一段时间内也取得收入，但是起码需要写出图书和发明出专利。而投资带来的资本性收入则几乎完全不需要投入劳动，如投资股票，就算从来不去关注也可能会收到股利和股价上涨的收益，因为股价可能会上涨。这才是真真正正地对自身时间的解放，这才是真正的“睡后收入”。

2. 高上限性

为什么说投资取得的资本性收入有高上限性呢？因为其从收益理论上来说是无穷尽的。我们听说过很多在资本市场“拼杀”的投资者，通过专业的分析和决策，在极短的时间内积累了大量的财富，这在其他领域是比较困难的。究其原因，是因为个人通过劳动获得的收益，往往需要大量的劳作，或者专业能力的积累，稀缺资源的积累，这都是经过长期的、持续不断的投入才能得到的。而投资的收入，简单来说，就是投入资本×风险系数，不管是有大量的资本投入，还是愿意承担更高的风险，都有机会获取一个非常可观的收入。

3. 低下限性

低下限性也很好理解，相对于劳动收入来说，在控制风险的情况下，投资带来的收入会有一个最低的保障。比如，钱放在银行至少会有本金利息，投资房地产至少会有房子可以住。而对于劳作性收入来说，则比较简单：失业就没有收入了。

4. 规模效益和复利效应

规模效益和复利效应是指投资性收入可通过将赚到的钱持续投入来增加投资本金，从而持续不断地增加收入，也就是我们常说的“滚雪球”。这一点随着我们财富的累积和投资经验的积累是很容易做到的。而对于劳动性收入来说，“滚雪球”就稍微难一些了。关于复利效应，会在后面进行介绍。

1.2　通货膨胀

前几天路过一个学校，看到学校外面有个小商店，忽然想到自己上学的时候，家人给我5角钱零花钱，那就是“一笔巨款”了，去小商店就可以买一袋让所有小伙伴都流口水的辣条。但是到今天，5角钱的购买力已经很低了，甚至一袋辣条都买不到了。还有一个例子，我刚出生的时候，我爸给我买了一份保险，当时他的月工资是几百元，这份保险是每年交500元，交3年，然后等我到50岁后，每月给我返回一定的钱数。当年我爸可是下了血本才给我买的这份保险这可是超过年收入1/10的大额开销，想着等我老了之后能有个保障。大家猜猜这份当时下了“血本”的保险，在我50岁之后能给我返多少钱呢？51.34元。已经完全撑不起来个人必要的开销了。

为什么会出现上面案例中的这种情况呢，很大一部分原因就是通货膨胀。

1.2.1　什么是通货膨胀

对于通货膨胀，官方的定义是指在货币流通的条件下，因货币供给大于货币实际需求，也就是现实购买力大于产出供给，导致货币贬值，而引起的一段时间内物价持续而普遍上涨的现象。简单地说就是货币贬值造成的物价上涨。正常情况下，商品因为供求关系的变化会导致价格短期的波动，短期内的价格上涨并不是通货膨胀，而因为货币贬值导致的物价普遍的、持续的上涨才是通货膨胀。简单地说，就是钱不值钱了。

1.2.2　为什么会出现通货膨胀

出现通货膨胀的根本原因是货币贬值，而货币贬值一般是因为货币超发导致的。这在纸币时代是很容易出现的情况。根据现在被西方经济学界普遍采用的凯恩斯主义的思想，政府需要采用积极的、扩张的财政政策来刺激经济。简单来说就是使得市场上有更多的钱，不管是通过增发货币、降准降息还是其他经济手段，只要市场上的钱多了，大家就更愿意来消费、投资，从而刺激经济增长。正是这种因素使得大部分经济体都存在货币超发的情况，因此，通货膨胀也成为一种比较常见的态势。当然，还有很多其他情况会导致通货膨胀，感兴趣的读者可以自行了解和学习。

1.2.3　通货膨胀对我们的影响

讨论通货膨胀对我们的影响，其实就是在讨论钱越来越不值钱对我们有什么影响。这样就很直接了，即如果你的收入不上涨，或者上涨的幅度赶不上物价上涨的幅度，那么你的购买力会随着时间推移的持续下降。比如，5角钱在小的时候能买一袋辣条，现在可能只能买一根辣条了。同样，你现在的钱如果不能持续地增值，那么随着时间的推移，你的钱也将越来越不值钱，比如，20年前大家觉得万元户很有钱，但是现在百万富翁也比比皆是。

1.2.4　通货膨胀和投资的关系

这么说起来，在通货膨胀的环境下，收入的情况有点逆水行舟的感觉，不涨就是跌。同样，我们自己的储蓄如果不能持续增值，就只能随着货币贬值慢慢掉价。在通货膨胀的大环境下，投资就变成我们保持购买力、保持自己资产不贬值甚至增值的重要手段。

这里给大家介绍一个指标：CPI，即居民消费价格指数，该指数的变化基本上会被用来衡量物价的变化水平，从而反映通货膨胀的比率。那么我们国家1978年—2014年的CPI增长率大概是多少呢？如图1-1所示。

可以看出，这段时间我们国家的CPI增长率基本在2%左右，可以粗略地理解成你的钱会以这个速度贬值，或者也可以理解成，你的年化投资收益率必须要超过2%才能保证自己的资产不贬值，这相当于投资目标的最底线。

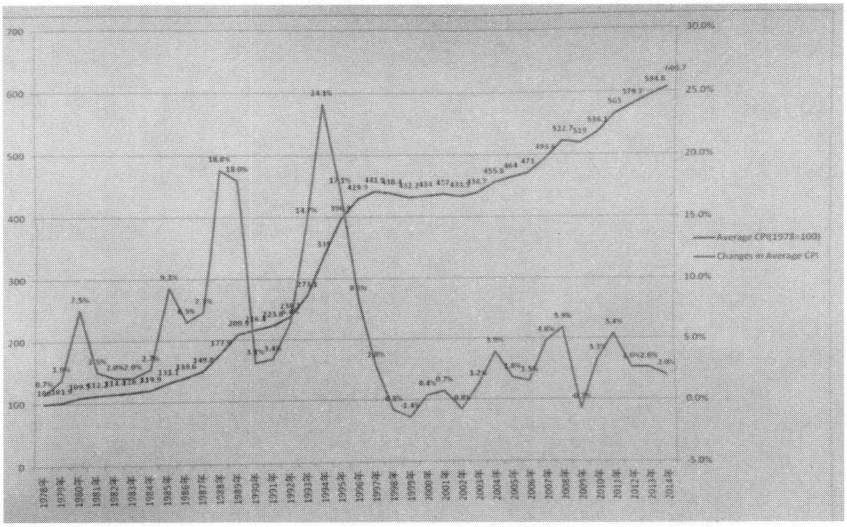

图1−1

总结一下，通货膨胀会让我们的钱持续贬值，让我们不能增长的收入的财务状况越来越捉襟见肘，而抵抗通货膨胀的必要手段就是将钱进行投资，且投资的最低标准也应该能战胜CPI的增长。

1.3 复　利

投资就是为了抵御通货膨胀吗？我用了各种投资方法，结果到年底一看，才赚了几百元钱甚至亏钱，那么还有没有必要费力进行投资？当你了解了复利效应后，这些问题就会迎刃而解。

1.3.1 什么是复利效应

来看下面一个古老的故事：

有一个国王的女儿不幸落水，被一个农夫救上来，国王问农夫想要什么以报答他的救女之恩。农夫指着旁边的一个国际象棋棋盘，对国王说："您在第一个格子里放1粒大米，在第二个格子里放2粒，在第3个格子里放4粒，在第4个格子里放8粒，依此类推，每一个格子里的大米粒数都是前一个格子的2倍。就这样把这64个格子都放满，我就要这么多数量的大米粒。国王听后，觉得农夫的要求很容易满足，就笑着答应下来。

结果大家自然知道，就是国王拿出他们国家全部的大米也填不满这64个棋盘格子。究竟需要多少大米呢？刚好大家可以回忆一下高中数学，列算式就是$1+2+4+8+\cdots+2^{63}$，整理下就是$2^{64}-1$，这个数字有多大呢，大概是1 844亿亿粒，按重量推算就是2 814亿吨，2017年中国粮食总产量为6.179亿吨，填满这个棋盘也就是450年中国粮食的总产量。

为什么会这么夸张呢？这就是复利效应。复利效应就是在持续获得收益的情况下，原本的收益加入下一期的本金，使得每一期的本金越来越高，收益也越来越多，总资产呈指数级增长。毫无疑问，投资是复利效应最好的应用。

简单来说，10万元本金，年利率10%，如果每年都把收益拿出，那么50年后总资产是60万元，而如果每年都将总资产再投入进去，那么50年后，总资产是1 174万元，是单利的近20倍，这就是复利效应的强大之处。

1.3.2　多久可以成为百万富翁

我们很多人都想成为百万富翁，或者千万富翁，我相信大部分读者都是可以达到这个目标的，但是我们是不是应该制定一个更确切、更详细的目标呢？下面基于复利介绍一个表，来展示在本金10万元，年收益10%，且是复利的情况下，我们需要多少年才能达标，如图1-2所示。

单位：万元

年　份	本　金	新增加投入	年收益率	期末资产
1	10.00	0	10%	11.00
2	11.00	0	10%	12.10
3	12.10	0	10%	13.31
4	13.31	0	10%	14.64
5	14.64	0	10%	16.11
6	16.11	0	10%	17.72
7	17.72	0	10%	19.49
8	19.49	0	10%	21.44
9	21.44	0	10%	23.58
10	23.58	0	10%	25.94
11	25.94	0	10%	28.53
12	28.53	0	10%	31.38
13	31.38	0	10%	34.52
14	34.52	0	10%	37.97
15	37.97	0	10%	41.77
16	41.77	0	10%	45.95
17	45.95	0	10%	50.54
18	50.54	0	10%	55.60
19	55.60	0	10%	61.16
20	61.16	0	10%	67.27
21	67.27	0	10%	74.00
22	74.00	0	10%	81.40
23	81.40	0	10%	89.54
24	89.54	0	10%	98.50
25	98.50	0	10%	108.35
26	108.35	0	10%	119.18
27	119.18	0	10%	131.10
28	131.10	0	10%	144.21
29	144.21	0	10%	158.63
30	158.63	0	10%	174.49

图1-2

我来告诉你，起初投入10万元，每年收益10%，只需25年就可以成为百万富翁。虽然这个效果已经很好，但是25年是不是有点太久啦？没关系，我们再模拟一下，假设还是投入10万元，年化收益还是10%，我们每年再追加投入1万元，这个不过分吧？那么这样的话，需要多久呢？如图1-3所示。

需要18年，而其实我们总投入的本金也就是28万元。

还不够诱人？那适当放宽一些，本金投入30万元，每年追加投入，且假设我们的收入会逐年增加，每年追加投入的金额都是去年的1.1倍（工资一年涨10%），年化收益率搏一搏，定成年化15%的收益，来看看。这样8年后就能成为百万富翁，18年后总资产达到500万元，23年后就能成为千万富翁。所以，如果你现在有30万元本金，每年能攒下1万元，如果能保证年化15%的收益率，并且每年攒的钱比上一年多10%，假设从是2021年开始，到2029年你就是百万富翁了，到2043年你就是千万富翁了，怎么样，心动吗？这就是复利效应的魅力。

单位：万元

年　份	本　金	新增加投入	年收益率	期末资产
1	10.00	1	10%	12.00
2	12.00	1	10%	14.20
3	14.20	1	10%	16.62
4	16.62	1	10%	19.28
5	19.28	1	10%	22.21
6	22.21	1	10%	25.43
7	25.43	1	10%	28.97
8	28.97	1	10%	32.87
9	32.87	1	10%	37.16
10	37.16	1	10%	41.87
11	41.87	1	10%	47.06
12	47.06	1	10%	52.77
13	52.77	1	10%	59.05
14	59.05	1	10%	65.95
15	65.95	1	10%	73.54
16	73.54	1	10%	81.90
17	81.90	1	10%	91.09
18	91.09	1	10%	101.20
19	101.20	1	10%	112.32
20	112.32	1	10%	124.55
21	124.55	1	10%	138.00
22	138.00	1	10%	152.81
23	152.81	1	10%	169.09
24	169.09	1	10%	186.99
25	186.99	1	10%	206.69
26	206.69	1	10%	228.36
27	228.36	1	10%	252.20
28	252.20	1	10%	278.42
29	278.42	1	10%	307.26
30	307.26	1	10%	338.99

图1-3

1.3.3　复利和投资

其实大家应该看出来了，影响复利投资最后收益的几个因素分别是时间、本金和收益率。对应来说，越多的起初本金，越高的收益率和越长的时间都会让我们日后的收益越高，起初本金的数量在一般情况下控制不了，保持高的收益率则是我们需要追求和学习的，而我们唯一能争取的就是时间。

这其中有以下两个意思：

（1）尽早投资，因为在资金量不大的情况下试错成本更低，或者说，学费交得少。

（2）我们需要保持耐心，别三天打鱼，两天晒网，其实投资最重要的就是耐心。

第 2 章

投资的基本要素

上一章我们介绍了为什么要进行投资的内容，主要是为了增加收入、防止资产贬值、通过复利效应实现财富快速增长。当然也有一些投资者比较谨慎，觉得投资可能会亏损，甚至被骗。在我们投资之前，会有很多疑惑和未知之处，盲目冒进可能会让我们损失惨重，而过度畏惧则会阻挡我们投资，所以大家很有必要在开始投资之前了解投资的一些基本要素，本章将介绍本金、收益、风险、流动性和投资周期的知识。

2.1 投资的基本公式

在分析投资要素之前，我们先介绍投资的基本公式。大家都知道投资会赚钱，那么投资是怎么赚的钱，又有什么影响条件呢？通过这个基本公式就能知道了。本章介绍这个投资基本公式，只是给投资小白分享一下大致的投资理念和因素。

最基本的投资公式如下：

投资收益=本金×收益率

这很好理解，投入10 000元，收益率是10%，那么就可以赚10 000×10%=1 000（元）。理解起来很简单。

当然，这里有一个问题，就是这10%的收益率是多久的收益率，1天赚10%还是一年赚10%？在这里可以把收益率拆分，公式就变成：

投资收益=本金×年化收益率×投资时限

这个公式是为了让大家理解，采用了单利方式。那么按照这个公式就变成，投入10 000元，年化收益率是10%，投入1年，投资收益就是10 000元×10%×1年，是1 000元。那么如果投资10年，投资收益就等于10 000元×10%×10年，是10 000元。

前面介绍了复利投资，即每年的收益都重新计入本金，进入投资，复利的投资公式如下：

投资收益=本金×（1+年化收益率）^投资年限

举个例子，10 000元有10%的收益率复利，投资10年，投资收益=10 000元×（1+10%）^{10}=2.59万元，已经比单利模式下的收益高出1倍多了，这就是复利的效果，并且随着年限的升高，后面的收益增长会越多。所以，一般情况下都建议大家用复利的方式进行投资。

当然，投资就有可能会亏损，实际上最终的投资收益公式如下：

投资收益=本金×年化收益率×投资期限−亏损

或者复利形态：

投资收益=本金×（1+年化收益率)^投资期限−亏损

再强调一遍，这里不是让大家用这个公式去计算自己的收益率，只是给出一个基本的投资公式，让大家对投资会受到什么影响有个大致的印象。这样才能继续分析和拆解我们的投资行为。

2.2 本　　金

对于投资来说，首先需要介绍的因素就是本金。之所以最先介绍本金，是因为这个概念是大家最容易接受的，即我拿了多少钱用来投资。大家可能对收益率的高低没有概念，对投资期限长短没有概念，对风险没有概念，但拿出10万元投资还是100万元投资，哪个多哪个少，或者每月自己的投资金额应占自己工资的多少，大家心里还是有数的。所以对于投资来说，本金是一个相对直接的概念。

2.2.1　为什么钱能赚钱

介绍本金之前，需要和大家介绍一个投资的基本概念，就是凭什么投资会赚钱？有的人说是和买股票看运气一样，有的人说是银行付给我利息所以我赚钱，这些都没错。但是你如果都不知道为什么投资能赚钱就去投资，是不是有点冒失呢？

投资的收益主要分为两部分：资金的时间价值和风险溢价。下面进行介绍。

首先，钱是有时间价值的。比如，我家里有一个铁锨，耕地用的，这个铁锨我们村子就我家有，但我也不是每天用，不用的时候就扔在家里。后来因为村子里其他人都想用，于是就来找我说，你不用铁锨的时候借给我，我用完了还给你，借我一天给你一袋米，我自然说好。你看这个铁锨放在家闲置的时候，只要有别人想用，就可以借出去来换米，并且借的时间越多，我赚的米越多。然后大家皆大欢喜。

上面的例子，把铁锨换成钱，把邻居给我的米换成利息，就和我们的公式联系上了。钱在我不用的时候可以借出去给需要的人，他付给我利息，这就是资金的时间成本。这个本质其实是资源的稀缺性问题（铁锨只有我有且邻居要用，钱我有且有人要用），资源的稀缺性肯定能带来价值，这就是资金时间价值的来源。

当然，你不把铁锨或者钱提供给需要的人，肯定是享受不到收益的（这是一种价值的浪费）。而最简单的储蓄、购买国债赚取的收益都属于这类情况。

肯定也有人会说，储蓄能体现我钱的时间价值，可是我储蓄的利息也就那么多，不到2%，所以我们看到的那些股票、基金投资年化10%、15%、甚至3年翻1倍多的收益率都是骗人的吗？因为你说，钱的时间价值，也就是储蓄那么多，凭什么投资以后能有那么高的收益？这就需要谈到投资收益的第二个部分——风险溢价。

风险溢价，简单来说就是因为承担了风险而得到的回报。还是举个简单的例子，现在有两份工作，一份工作是在办公室朝九晚五上班，月薪5 000元；另一份工作是高空作业，月薪50 000元。为什么后者会比前者高那么多呢，因为风险高，说不定一不小心人就没了。这部分高出正常工资数量的收益就是承担了风险得到的回报。放在投资里也一样，有的人一年赚了50%，但是他可能面临着一年亏一半的风险，当然也不是说只要面临亏损一半的投资就都能赚50%，你也可能真的亏一半。但是正是你用自己的资产承担了这部分风险，才有可能赚到这部分远超储蓄的收益。

所以，本金真的能帮我们赚到钱。

2.2.2　原始积累的重要性

之所以先介绍本金，还有一个原因，本金对于小白投资者来说，是最重要的因素。大家可能不太理解，我来给大家解释一下。

大家还记得上一章多久成为百万富翁的计算吗？我们的心再大一些，来看看多久成为千万富翁。先请大家猜一猜，两个投资者，其他情况都一样，年化15%，复利方式，只不过一个起始本金是10万元，另一个是50万元。大家猜一猜，对于千万级别来说微不足道的40万元，会让两个人需要多久时间到达千万级别呢。

10万元本金需要33年达到。

50万元本金需要22年达到。

差了11年，人生能有几个11年。再憧憬一下，两个人继续保持这种投资进度投资50年（20岁投到70岁），大家猜猜，起初差了40万元的他们，到70岁的时候差了多少钱？答案是4.3亿元。谁能相信两个发展轨迹一模一样的人的资产差了4亿元，只不过是因为开始投资的时候一个比另一个多投了40万元。

为什么会出现这种情况呢？我们看看这个复利投资公式：

投资收益=本金×（1+年化收益率）^投资期限-亏损

投资期限这个因素其实大家没法决定，今年到明年对大家来说都是一年，基本上越早开始越好。

这里影响最大的因素是收益率，因为有指数级别的增长，但是收益率并不是我们投资新手能快速、稳定掌控的，如果要解释基本上需要用一整本书的篇幅来讲，所以对于刚开始投资的人来说，投资率也并不是一个特别重要的指标。一般情况下，起始投资本金和最终累计的本金相比都是较小的，这时投资率再高影响也不大，10 000元翻1倍只是20 000元，1 000万元赚1%也有10万元，就是这个道理。

那么，本金就显得尤其重要了，上面那个10万元和50万元本金的案例，两个当事人到70岁的资金差了4亿元。这个差异就是原始投入的差异被时间累计的复利效应放大的结果，千万不要小看时间和复利，在开始投资的时候，投资资金的多少很影响后面的资产增长。这也就是很多人都在说的年轻的时候要努力赚钱，赚更多的钱，其实就是为了增加原始积累，让自己后面的投资之路越发顺利。

2.2.3 本金越多越好吗

既然原始积累很重要，那么是不是我有多少钱就投多少钱？或者在一开始借钱投资？上面不是说有50万元就能变成小5个亿吗，我砸锅卖铁也凑出50万元来投资，是不是也能到达传说中的9位数资产？

其实并不是，本金并不是越大越好。具体有以下两个原因。

1. 稳定获利后再增加投资，试错成本低

上面50万元到小5亿元的资产增长，有一个很重要的前提是每年有15%的年化利率增长，只有在这种情况下才能飞速增长。而对于新手投资者来说，这个难度非常大，在起初对投资产品不熟悉、投资收益不能保障的情况下，贸然增大投资本金，非但不能稳定获利，甚至可能让我们遭受重大损失，进而极大地打击我们的投资信心。相信我，很多人都是在牛市的时候拿自己的全部积蓄投入股市，然后亏得血本无归，之后就发誓再也不炒股投资了。

上面介绍的增加原始成本积累，意思是在找到稳定盈利的模式后，能有足够多的资金来投入，并不是让大家在什么都不懂的时候无脑投入，这一点请谨记。

2. 控制流动性和风险

这一点后面会进行介绍，大家先记得本金越大，不仅仅是收益越大，亏损可能也越大，所以还是遵循上面说的，为了控制风险，就尽量在熟悉投资品种和方式前控制本金、控制亏损。至于流动性的问题，大家看后面的章节内容即可。

2.3 收　益

收益可能是大部分投资者最关心的部分，比如很多股民每天都会打开自己的炒股软件盯着自己的当天收益，然后心情随着这个数字起伏。大家互相交流、沟通也是张口闭口我赚了30万元，他亏了50万元。下面再深入介绍对收益应有的一些看法。

2.3.1 收益重要吗

是的，你没看错，这里是在问你觉得收益重要吗？我相信答案大家都应该知道：重要、很重要。我个人认为，收益就是我们投资过程中应该追求的最高目标。

不管我们投资的目的是什么，是防止资产贬值，为了财富增长，或者是为了日后养老甚至为了下一代教育，目的都是一样的，就是赚到钱，赚到钱其实就是获得收益。所以在保证控制风险、流动性的前提下，在一定投资周期内，我们投资的目标就是收益最大化。这一点请大家记住。

当然，这一部分其实不需要展开讲太多，因为大部人对收益的敏感程度和关注度远高于对其他因素，甚至过度关注收益而忽视了其他因素，因此笔者主要和大家分享投资的其他因素内容，免得大家只注意收益，而忽视其他因素。

2.3.2 获得收益是投资的唯一目标吗

对于大部人的投资，收益是我们追求的最直接目标，也是最高目标。那么是不是意味着我们只需关注收益这一个因素就可以呢？或者说为了追求收益而忽视或者放弃掉其他因素呢？并不是。收益是我们投资的最重要目标，但并不是我们投资的唯一目标。

除了收益之外，还有很多其他因素，本节中将进行介绍，比如风险、流动性、投资期限等，这些因素都是我们需要关注的因素。每个因素对于不同的投资者的重要性是不同的。比如，有的人可能想要赚钱但并不能接受亏损，有的人想要赚钱但要求每月都能将固定的资金拿出来，有人就想要赚钱但是投资期限只能投一年，这些都是对于投资的限制。诚然，大部分投资者投资的前提都是赚钱，但往往都会有关于风险、流动性、投资周期的要求和限制，这些要求和限制的问题的处理，毫无疑问，也是我们投资需要满足的。并且，这些要求和限制在没有满足的情况下，可能会有比投资收益不能达标更严重的影响。所以，收益可能是我们投资追求的最重要目标，或者是最直接的目标，但并不是我们投资的唯一目标。这一点，请大家在投资过程中谨记，基本上所有投资者都在最开始投资的时候过分看重收益而忽视其他因素，从而引发各种各样的问题。

2.3.3 理性地评价收益

我们经常能听到某某同事说我前段时间买了某某东西赚了5万元之类的话，或者去年一年投资什么赚了50万元，这时我们是不是有点儿羡慕他们？觉得他们的收益很亮眼是吧。虽然赚了这么多钱看起来是挺令人羡慕的，但是其实这种情况根本没有什么比较性。因为我们并不知道这些人投资的其他要素，比如赚5万元，其实是投资了30多年一共赚了5万多元，那就不太合算；又或者一年赚了5万元，但是投入了1亿元，那也没什么好炫耀的；再如上来就说今年赚了100万元，但是其实去年亏了200万元，前年亏了300万元，感觉应该也没人想要跟着他投资吧。

收益是最直观的投资目标，但收益又不是唯一的投资目标，那么我们对待收益的时候就需要有一个正确的观点来评判。单纯地追求和比较绝对收益，并不是合理的投资方法；评估投资的好坏也并不能仅仅看赚了多少钱这一个指标。那么除了收益之外，还需要考虑哪些投资因素才能找到适合我们的投资方法，或者来评判自己的投资过程是否合理呢？请大家继续往下看。

2.4 风　险

很多投资者对投资比较抗拒，可能并不是因为投资赚不到太多的钱，更多的原因是因为害怕亏钱。也确实有很多投资者兴冲冲地“冲杀”进来，然后，被收割，亏得肉疼，从此再也不进行投资了。或者听说了很多人亏钱的经历，甚至是被骗钱的经历，把投资和大概率亏钱画等号，因此对投资连开始的勇气都没有。在看这本书的读者如果你们还没开始进行投资，是不是因为上面这两种情况呢？

当然还有一类投资者，就是对风险完全视而不见，觉得亏钱离自己很远，自信满满，可能从来没有进行过投资，或在之前的投资过程中还算是顺利，于是觉得自己是股神，不太可能会遭受亏损。相信我，比起过度担心亏损的人，这种人可能会面临更大的损失，往往就是自信满满、赚了点小钱，认为找到了发家致富的秘诀，加大投资，遭遇亏损，就失败了。这样的人在投资者中太多了。

为什么会出现上面这两种人呢，原因就是没有正确地认识和控制风险。

2.4.1　风险是什么

首先，我们要明确一个基本的概念：风险是什么。绝大多数人理解的风险就是亏损，其实大家仔细想想，这样的理解正确吗？我们说一笔投资有风险，按照风险就是亏损的理解，那么这笔投资就会亏损，这样的投资还会有人选择吗？所以风险并不等于亏损。

那么风险是什么呢？风险其实是不确定性。在投资中，不确定性意味着你的收益可能得不到保障，甚至你的本金也可能会亏损，注意：重点不是亏损，重点是可能亏损。因为如果一项投资百分之百亏损，我们也不会选择这样的投资，这就不叫有风险。同样，比如银行储蓄，几乎没有可能亏损，所以我们也会理解成为没有风险，核心还是没有不确定性。

大家再想想股票、基金，从简单的逻辑层面来看，我们其实无法准确预测某一种股票的短期走势，买入后有可能涨也有可能跌，正是这种不确定性才给了股票和基金高收益的可能，当然，也同样给了大幅亏损的可能。还记得我们之前介绍的，投资收益的来源吗？其中有一部分是风险溢价，其实股票和基金的高收益本质上来说就是针对不确定性给出的溢价。

既然风险不是亏损，我们是不是就不需要了解风险、控制风险了呢？当时不是，风险不是亏损，风险是具有亏损的可能性，我们投资的时候非要去投资一些亏损概率高的产品，这不是明摆着和自己的钱过不去吗？又或者我们想避免亏损，但是连辨别哪些产品可能亏损的概率高，哪些产品可能亏损的概率低，哪些产品会让我们亏10%，哪些产品能让我们亏掉全部本金的方法都不知道，肯定是不行的。

还有投资者说，风险是不确定性，这个不确定性可能会带给我们亏损，那我们在投资过程中不去选择那些有不确定性的产品不就不会有风险了吗？这个道理是没错的，但是没有风险溢价的情况下，投资的收益往往很低。比如，我们把钱放到银行的利息就是无风险情况下的收益，可是很显然，这样的收益并不能使财富增值，甚至都跑不赢通货膨胀。

事实上，我们研究投资的本质，就是在自己可接受的风险范围内，实现投资收益的最大化。这是完全可行的，但是前提是我们需要了解风险、正视风险，并且一定程度上匹配风险、掌控风险。

2.4.2　怎样控制风险

想控制在投资中的风险，首先要了解自己的风险承受能力，我们在买股票或者买基金前都会让大家做风险测评问卷，这个风险测评问卷就是了解大家的风险承受能力。投资者的风险承受能力和很多因素有关，比如收入的多少、收入的稳定性、年龄、家庭环境（是否已婚、是否有孩子等）、家庭资产、对投资的了解程度、预期的收益、对亏损的接受程度等。比如，收入较稳定的投资者一般就比收入不稳定的投资者风险承受能力高，刚生完孩子、在还房贷的投资者就比未婚的、没有房贷的投资者风险承受能力低，投资经验丰富的投资者就比投资小白风险承受能力高。至于你自己是什么样的风险承受能力，后面的章节中会让大家做个测试。

其次，我们需要知道不同投资产品的大致风险情况。比如银行存款、国债这种几乎无风险的产品；再如，基金当中货币基金、债券基金、混合基金、股票基金风险是逐步递增的，投资股票可能面临跌停，一天亏损10%的情况，甚至等到后面我们进阶后，进行风险投资，可能一夜直接本金亏光还欠了很多钱。这些基本产品的风险性大家也是要知道的。后面的章节也会分别进行介绍。

最后，要做的就是使自己的风险接受能力和投资产品的选择匹配，这个很好理解，就是不能接受5%以上的亏损，非要去买高波动性的股票，肯定受不了。当然，反过来也是一样，追求20%的年化收益率也能承担一定风险的投资者去买货币基金也是不匹配的。所以要选择合适的产品和策略。

如果你是投资小白，即使评估出自己有一定的风险承受能力，我还是建议大家先将投资本金的一半放在低风险投资产品中，比如货币基金、债券基金中，用另外一半进行自己想要的投资，这样会给大家一个熟悉和确认的过程，不至于一上来就“死”掉。等到后面自己的风险承受能力得到确认了，或者自己的投资产品的收益和风险情况自己可以接受了，抑或自己的投资策略已经稳定产生收益了，这时再追加投资即可。

2.5 流动性

在前面介绍过，收益是投资一个很重要的目标，但并不是唯一的目标，收益高低也不是投资好坏的唯一衡量标准。除了收益和风险外，还有什么需要关注的因素呢，下面介绍另一个需要重点关注的因素——流动性。

2.5.1 流动性是什么

大家先来做个选择，现在有两款投资产品，一年的投资收益率都是10%，一个产品可以随存随取，另一个产品是必须投满一年并且中间不能提前取出来，请问大家会选哪一个？

再做一个比较，两个投资产品，投资期限都是10年，一个产品是每年付一次钱，另一个产品是10年到期一次性付，假设两个投资产品的投资收益率是一样的，也不考虑时间成本、再投资回报这些问题，大家会选择哪一个？

我想对于这两个问题的选择大家正常情况下应该都会选择前者吧。为什么呢？因为不管是随存随取，还是每年付一次利息，都能让我们在需要用钱的时候更加灵活方便，这就是投资的流动性。

比如，把钱比作水流，有的投资是水从上游往下游流的时候不断地加水，这样既可以保障水流的不断增加（资产增值），也能保证在下游需要用水的时候不至于没水（需要用钱的时候不至于没有钱），这就是流动性好；而有的投资就像是修了一个水坝，虽然能保障蓄水不断增加（资产增值），但一旦开始关闸蓄水，下游想要用水的时候就没那么方便了，而万一碰到了大旱，又没有水，就很悲惨了（急需用钱时钱拿不出来）。这就是流动性的体现。

2.5.2　影响流动性的因素

了解了流动性之后，相信大家对影响流动性的因素就很容易理解了。影响流动性的因素主要有两个：一个是变现周期，也就是多久有机会收到一次钱；另一个是每期的金额，即每一期能收到多少钱。流动性最好的产品一定是不限制变现周期和变现金额的，即我们想什么时候收到钱就可以什么时候收到钱，比如随存随取。对于变现周期而言，肯定是变现周期越短越好，每期变现金额越高越好。我先给大家举一些比较直观的例子：

（1）随存随取；

（2）股票T+1确认；

（3）每半年付息；

（4）封闭期3年到期付全部本金、利息；

（5）封闭期3年，期满后每年1月1日可交易。

这些基本上都是比较容易判断流动性的一些案例，大家可以试着组合分析一下。比如，封闭期3年到期全付利息和封闭期3年每半年付一次利息，肯定是后者流动性更好。这里，大家在进行不同的投资产品比较的时候，能分析出来流动性孰高孰低即可。

另外，还有一点要强调，就是有的投资资产的变现周期不是产品条款或者我们自己决定的，这种情况下就需要看产品自身变现的难易程度。最典型的例子就是房地产。

比如，我们将全部的钱都买了房子，忽然急需要用钱，这时需要把房子卖出去，而房子多久能卖出去就不一定了，除了和价格因素有关外，还和房地产市场整体的活跃程度有关。

当然，像房地产这种投资产品，就算是很快谈成了交易，想要办完大量手续最终收到钱，还是需要一个比较长的周期。这就涉及产品自身特性的问题。所以，选择投资产品的时候也需要考虑产品自身变现的难易程度，房地产的变现就是比较难的，所以流动性比较差；另外一些投资，比如交易量很少的股票、基金或者一些私人收藏、文玩字画、游艇豪宅，流动性都相对较差。

第 3 章

选择自己的投资策略

在前面的章节，分别介绍了为什么要投资及投资都需要考虑哪些因素，相信大家已经跃跃欲试了，从本章开始，就跟随笔者一起正式开启自己的投资之路吧。在开启投资之路之前，我们需要做的就是对我们自身的情况进行全面的审视和分析，然后才能决定我们到底投资什么产品，采用什么类型的投资策略等。

3.1 计算有多少本金

在考虑投资的其他因素之前，我们需要做的第一件事情就是知道我们有多少本金，这是我们最容易算出来的，也是相对客观的一个指标。那么，我们怎么评估自己有多少本金呢，我们又有多少本金可以用来投资呢？其实这个问题很简单。请和我一起来操作一下。

第一步，计算我们现在有多少钱。请打开你的各种银行App，看看自己的余额然后将它们的数额相加，打开自己的支付宝、微信钱包看看余额再相加。如果你是以家庭为单位进行投资，而管账的人不是你的话，那么也请问问你家管账的那位上面的这些数字情况，同时征求对方对于你开始投资的许可，不然后面可能无法顺利进行。

那么得到了一个数目，我们手头的现金可能是10万元，可能是50万元，如果是学生，可能很少甚至没有，没关系，请记住这个数额，这个数额就是当前这个时点你能动用投资的最大本金。

第二步，评估负债情况。把自己的全部负债分别列出来，比如信用卡欠款、花呗借呗的消费、各种消费贷款、欠朋友的钱等。这里可以把除去房贷之外所有的负债加到一起，和上面的现金数额做下比较，如果不算房贷，你的负债比手上的现金还多，那就需要警惕了。这种情况说明你或者是正在透支未来，或者说明你把自己的资本全部花在了其他地方，不管是买了房子还是建工厂、开店，或者借给朋友，总之就是当前情况并没有一个很好的状态，建议这时你先别想着投资了，先想办法把债都还上。

这里其实有一个小点，就是用上述我们算出来的能动用的总的钱数减去负债，才是我们真正可以用来投资的钱。至于减哪部分负债，一般情况下是减去一年之内要还的钱，比如信用卡、花呗、借呗，或者你答应下个月还给朋友的欠款。这样就会得到一个我们实际可以用来投资的本金数。

第三步，评估自己未来的现金流情况。简单来说，就是计算自己未来每月、每年能攒下多少钱。这个算法也很简单，每月的收入减去每月的开销就是自己每月能攒下来的钱数。对于每月收入、每月开销大部分人应该都心里有数，如果不知道自己每月花多少钱，建议拿出一个月的时间来记账，大概算一下就知道了。当然，这里的开销也包括房贷，对于大部分年轻人来说，房贷可能是最大的开销。这样相减之后就是自己每月能净攒下的钱数，这部分钱可以作为未来投资持续投入的本金。如果减下来结果是负的，说明你现在是入不敷出的状态，或者是赚得太少，或者是花得太多，建议还是先解决每月攒下钱来这个问题。

当然可能有些人没有这么稳定的收入，比如自由职业者，或者其他的职业有三年开一单、一单开三年的情况，评估一下每年能净攒下来多少钱，这样也是可以的。

第四步，汇总。将上面的所有项合并到一起，你就会得到一个类似于“目前有××元，以后每月可以再投入××元”的本金计划。一般分为以下几种情况。

（1）目前有××元，以后每月可以再投入××元。这是最基本的情况，也是绝大多数投资者的情况，即目前有一笔原始资金可投入，未来仍可固定追加投入。

（2）目前有××元，以后每月不能再投入。

（3）目前有××元，以后每月需要拿出××元。

（4）目前手上没有太多钱，但以后每月可以再投入××元。

基本上就分为这四种情况，具体每一种情况肯定对应不同的投资策略。那么你属于哪一种呢？

3.2 能接受何种风险

在得到我们能用来投资的最大本金后，很多投资者都会着急去考虑自己买这种能赚到，买另外一种能赚到，即绝大多数投资者都是以收益为导向的。但是我认为，对于新手投资者，对风险的考量要远远大于对收益的考量，强烈建议大家在做投资之前先预测和评估一下自己的风险能力。

3.2.1 标准的风险承受能力

在评估自己的风险承受能力之前，我们先给自己打个分，把风险承受能力高低按照从最低到最高的顺序分成五个等级：较低、低、中、高、较高，大家认为自己属于哪个等级呢？先记着自己的答案。

我们在任何一个理财平台开户交易的时候，都会让我们完成风险测评，一般会列出一些题目，然后根据我们的回答给一个评分，相信很多人可能都见过这些题目，但是都没有认真做过。本着对自己负责的原则，还是建议大家认真做一下。下面是我整理的一套风险测评的题目和评分标准，大家可以直接做一下。

Ⅰ. 财务状况（3道题）

1. 您家庭的年收入（折合成人民币）为：

- 50万元以上；
- 25万～50万元；

- 10万～25万元；
- 5万～10万元；
- 5万元以下。

2. 您家庭的主要收入来源是：

- 收入来源稳定；
- 大部分固定，只有少量与业绩挂钩；
- 固定薪水和业绩挂钩部分各占一半；
- 固定收入只占收入的少部分，其他为业绩挂钩收入；
- 收入不稳定，基本全部与业绩挂钩。

3. 在您每年的家庭收入中，可用于金融投资的比例为：

- 大于90%；
- 50%～90%；
- 30%～50%；
- 10%～30%；
- 小于10%。

Ⅱ. 投资经验（3道题）

4. 您的投资知识情况可描述为：

- 丰富：对金融产品及其相关风险具有丰富的知识和理解；
- 一般：对金融产品及其相关风险具有基本的知识和理解；

- 有限：基本没有金融产品方面的知识。

5. 您是否有以及有多少年投资基金、股票等金融产品的经验：

- 有，5年以上；
- 有，3～5年；
- 有，1～3年；
- 有，少于1年；
- 没有。

6. 您投资过何种金融产品：

- 金融衍生品（期权、期货、认股权证等）；
- 股票、偏股型基金；
- 外币、结构型产品、投资型保单；
- 债券、债券型基金；
- 现金、存款、货币型基金。

Ⅲ.投资风格（2道题）

7. 假设有两种投资：投资A预期获得10%的收益，可能承担的损失非常小；投资B预期获得30%的收益，但可能承担较大亏损。您会怎么支配您的投资：

- 全部投资于收益较大且风险较大的；
- 同时投资于A和B，但大部分资金投资于收益较大且风险较大的；
- 同时投资于A和B，各分配50%的资金；

- 同时投资于A和B，但大部分资金投资于收益较小且风险较小的；
- 全部投资于收益较小且风险较小的。

8. 您在投资金融产品时，通常可以接受的持有时间是多久：

- 超过12个月；
- 12个月以内；
- 9个月以内；
- 6个月以内；
- 3个月以内。

Ⅳ. 投资目标/预期盈亏（2道）

9. 以下哪项描述最符合您的投资态度：

- 希望赚取高回报。愿意为此承担较大本金损失和长期波动；
- 寻求较高收益。愿意为此承担相应的本金损失；
- 稳健投资。愿意接受短期亏损，但无法接受可能出现的大幅波动；
- 保守投资。能够容忍少量本金亏损，愿意承担一定幅度的收益波动；
- 厌恶风险。不希望本金损失，追求稳定回报。

10. 您的投资周期计划是多长时间？

- 5年以上；
- 3～5年；
- 2～3年；

- 1～2年；
- 1年以下。

V. 风险承受能力（1道）

11. 您认为自己能够承受的最大投资损失是多少？

- 超过50%；
- 30%～50%；
- 10%～30%；
- 0～10%；
- 不能亏损。

计分表（除第6题）：

A	B	C	D	E
10	8	6	4	2

第6题：

A	B	C
10	6	2

等级划分：

$22\leqslant x<39$	$39\leqslant x<57$	$57\leqslant x<75$	$75\leqslant x<93$	$93\leqslant x<110$
保守型	稳健型	平衡型	成长型	积极型

这里的保守型、稳健型、平衡型、成长型和积极型的风险性按照从低到高排序，如果大家认真答题，那么这个等级划分基本上就是准确的。怎么样，和大家自己评估的结果一样吗？

3.2.2 风险承受能力分析

在分析我们得到的风险承受能力结果之前，先介绍一些影响风险承受能力的因素，在第1章就已经介绍了，这里希望大家可以再对照看看自己的风险承受能力评级是否一样。

（1）收入稳定性越高，风险承受能力越高。

（2）投资经验越丰富，风险承受能力越高。

（3）主观意愿越能接受亏损，风险承受能力越高。

其中，收入和投资经验都是比较客观的，基本上不会有什么误差，但是主观意愿就不一样，很多人可能对于亏损10%是什么感觉没什么概念，从而高估了自己的风险承受能力，对于投资新手来说尤其可能是这样。这一点很重要，比如一项投资，可能买入之后马上就跌了20%，但是之后迅速上涨，涨了100%。整体来看这是一个很好的投资，但是对于风险承受能力较低的人，可能在亏损20%甚至不到20%的时候就选择割肉卖出，自然就享受不到后续的上涨。因此，个人对亏损和波动的接受程度还是要慎重评判的。

教大家一个方法，会比较客观地判断出主观接受程度，就是具体到亏损的金额，从这方面看我们能不能接受即可，比如用上面的投资本金×10%，假设是10 000元，就想想自己亏了这10 000元会不会无法承受，如果答案是肯定的话，那么肯定是接受不了。

至此，大家应该对自己的风险承受能力有一个合理的评估了吧。我对于新手投资者，如果你的风险评级最后显示是积极性，还是谨慎地重新审视一下自己的风险评级。

请先来了解自己对亏损的接受程度。在后面的章节中介绍完投资产品后，也会根据风险类型对产品进行匹配。

3.3 后续流动性

和风险一样，流动性也是新手投资者比较容易忽视的因素，这一因素的忽视对我们来说是很致命的。因为和部分亏损比起来，想用钱的时候没有钱可能更加致命。所以，对于流动性的考量还要尽可能全面和仔细。

3.3.1 计算未来可能会有的开销

对未来流动性的考虑需要分为两个部分，一是可以预见的必要开销，二是不确定的但是可能发生的开销。下面分别来解释一下。

首先，在考虑本金的时候，如果已经减掉了当前的开销和，比如房贷这类的开销，就不需要重新考虑了，但还是会有一些可以预见的额外开销需要加进去，比如孩子未来的奶粉钱、明年计划读的MBA的学费，后年打算买车的钱，以后打算买房的钱，更远的结婚的费用。这些就算是可以预见的未来开销，这些支出如果我们的收入不足以覆盖，就需要挪用我们的投资资金。

对于这些开销可能很多人当下并没有一个概念或者想法，但是建议大家认真考虑，投资是对未来的规划，开销也一样，尤其是像结婚、买房、生孩子这种人生中重要节点的开销，建议大家尽早做规划。

另一部分是不确定但可能发生的开销，最典型的就是对各种疾病、意外的预留资金。我们并不知道什么时候会生病，什么时候会出现意外，但是一旦出现这些情况，毫无疑问会需要大量的开销。

对于这种开销有一些投资策略和建议，最常见的两个策略如下：一是预留资金来抵御风险；二是利用保险来抵御风险。对于前者，简单来说就是在投资过程中，可以建立一个专门用来抵御风险的账户，这里面的资金都用来投资低风险、高流动性的产品，从而保障我们在需要用钱的时候能快速拿出钱来。那么，这部分资金应该占我们本金比例的多少呢？这一点因人而异，如果你年纪比较小，比如刚毕业参加工作，也没有什么负担和压力，这部分的比重就可以稍微小一点；相反，如果你是30～40岁的家庭的顶梁柱，上有老下有小，这部分抵御风险的资金就需要多一些。建议将投资本金的1/4用来做抵御风险的备用资金进行投资，大家可以根据资金的实际情况来进行处理。关于保险，很多人对保险感觉都不太好，认为保险是骗人的，当然这和之前保险经纪人的野蛮发展有关，投资保险是一个很常见的抵御风险的工具，建议大家可以关注一些重疾险、医疗险、意外险等，这里就不再赘述。

3.3.2　对投资的限制

在列出未来的一些必要开销后，即可对照自己的本金来做一些投资计划，为了使大家未来有较好的流动性保障，本书更多的是给出对我们的投资做限制的建议。那么一般都有什么限制措施呢？主要需要注意以下三个方面的问题。

1. 考虑重大节点的重大开支问题

这就对应了我们未来规划中的重要节点，比如，如果你3年之后要买房，到时候就需要把投资的钱拿出来做首付；或者3年之后，你要结婚，需要50万元办婚礼；又或者你后年要买一辆20万元的车，大后年要读MBA，学费30万元等，这些都是我们未来需要关注的重要节点。

这些节点的设立对我们的投资会有一定的限制，一个是对投资期限的限制，比如3年之后要买房用钱，那么现在我们就不能去投资一个封闭期为5年的产品。另外就是收益稳定性的限制，比如3年后要买房用钱，但是我希望3年后用钱的时候是赚的而不是亏的，这也是一个限制。总的来说，就是未来的重大开销时点需要能拿出投资金额，并且最好能在该时点前有所收益。

2. 考虑可预见的固定开销

最常见的就是房贷和子女的教育基金，就算是我现在做投资，但是未来某一年开始，我需要每年或每月能从收入中拿出一部分来还房贷或者付学费。这也对我们投资的流动性有要求。比如，很多定期付息的债券就很受个人的教育基金欢迎，就是因为现金流刚好能和自己的需要匹配。

3. 预留资金抵御风险

这一部分对应上面可能会有的意外开销，也就是说，我们在投资的时候需要将这部分资金预留出来，投资在低风险、高流动性的资产中，以备不时之需。很多投资者都不太重视这一块，但一旦出现意外，就会捉襟见肘。

3.4 期望收益

我们了解了自己能用来投资的最大本金，了解了自己能承受的风险，知道了后续的流动性需求，那么下一步，大部分人都会关心的就是能赚多少钱了，但是和本金这个比较客观的因素相比，大家对收益的评判还是比较主观的。有的人认为2%就够了，有的人认为要追求20%，有的人甚至想在短时间内资产翻倍。很多新手投资者对收益率一般都很难有一个准确、客观的评判，所以本节来帮大家整理收益的客观规律。

3.4.1 收益越高越好吗

对于这个问题，相信大家肯定自己都能回答了，答案必然是否定的。这里主要包含以下两层含义：

第一层含义，我们反复强调：收益是投资的重要目标，但并不是唯一目标，风险、流动性等都是我们需要考虑的因素。如果过分追求收益而忽视了风险，往往会让我们遭受巨大的损失；如果过分追求收益而忽视流动性，会让我们后面的正常生活受到影响。这一点相信经过前面的章节的讲解，大家应该都有这些意识了。

第二层含义是，收益也分为暂时性收益和实际收益，暂时性收益再高也没什么用。对此大家也很好理解，比如买了股票，中间涨了很多，但这些都是浮盈，并不是真实的收益，过了一段时间又跌了下去，恰好这时要用钱了就给赎回了，这时浮亏就变成了实际亏损，之前涨得再多也没有用。

这里可以延伸一下，大家比较一下两种投资：一种是今天涨100%，明天跌50%，后天再涨100%，一年后一共涨了50%；另一种是今天涨1.3%，明天涨0.8%，后天再涨1.3%，一年后也涨了50%。这两种都是赚了50%，大家觉得哪种投资比较好？一般来说，我们都认为后面这种比较好，因为波动性更小，或者叫作收益更加稳定。我们之前介绍过，不确定性就是风险，所以如果最后的收益一样，我们就要追求更加稳定的投资。

那么，收益越高越好吗？并不是，首先我们要兼顾风险和流动性，其次还需要兼顾收益的稳定性。另外还需要对应到投资期限中去考虑，避免出现投资期限到了，但是账面还是浮亏的情况。在这几种条件都能满足的条件下，当然是收益越高越好。

3.4.2　什么样的收益目标是合理的

在兼顾风险、流动性、投资期限等一系列因素的前提下，我们还是要追求更高的收益，因为投资的本质还是赚钱，肯定是赚钱越多越好，我们平时就常在社交平台上看到一些博主动辄获得50%+的投资收益的信息，羡慕不已，跃跃欲试。我们肯定也都收到过QQ群或者短信的广告，介绍某某超高收益的理财项目，等等，可能也会心动。那么，这些超高的收益的信息到底是真是假呢？要不要把它们当成我们的投资目标呢？

首先，除了一些不法分子欺诈和骗子博人眼球之外，我们在网上见到的很多超高收益的事件可能都是真的。但是请注意，这些超高收益都是暂时的、偶发的、不可复制的。

这怎么理解呢，我经常举的一个例子是猴子扔硬币，假设有一个猴子王国，里面住着很多只猴子，它们每天都会扔一次硬币，正面朝上就会得到一个香蕉。于是这些猴子每天早上起来做的第一件事情就是扔硬币，有吃到香蕉的，也有吃不到的。一段时间后，大家发现有几只猴子扔了一个月硬币了，竟然每一次都是正面朝上，每天都能吃到香蕉，于是大家都羡慕不已，认为这些猴子有着特殊的技能，才能每天都吃到香蕉，于是大家就开始跟着这些猴子学习，了解每天几点朝着什么方向、用什么姿势来扔硬币，期待自己也每天都有香蕉吃。结果呢？显而易见，猴子们每天吃到香蕉的概率依然是50%。

投资也是一样的。在一段时间内，永远都会有一些产品的收益率比其他的更好，而投资这些产品的人的收益一定也比市场平均收益要高，但是他们值得羡慕吗？答案是否定的，虽然不能说这完全靠运气，但这种高收益能复制吗？非但很难复制，甚至在市场风格切换后，使用之前的投资策略往往会表现得相对较差。

那么，这里就有一个问题了，既然那些超高的投资收益大多是暂时的、偶发的、不可复制的，那在我们的投资中，应该期待达到多少的收益率呢？或者说我们的投资目标收益率定在什么水平才算合理呢？别着急，下面给大家进行说明。

绝对收益下限：银行利率。这点很好理解，如果你期望的收益率比银行存款还低，那就不用投资了，把钱存到银行安心吃利息就好了。

收益下限：货币基金收益率，每年2%。

一般不会有人真的把投资收益和银行利率做对比，所以建议将货币基金的收益率当成收益下限，因为货币基金收益率比银行储蓄利率高，并且几乎是无风险的，流动性也很好。简单来说，就是如果你多余的钱不知道投什么，放到货币基金里即可，货币基金的收益率约为每年2%。那么，这种收益率就是我们的投资下限。

稳健投资的收益天花板：债券基金5%～6%。

如果追求稳健投资，可以适当牺牲流动性并且适当承担风险。对于稳健投资的收益率，基本就看这两种产品，一是银行理财产品，虽然现在投资它不能保证收益，但银行理财整体还是偏稳健的，一年的收益率为3%～4%。另一种是债券基金，债券基金整体是稳健的，但比起前述的一些产品，确实是有亏损的风险，基本算是保守型和稳健型投资者的天花板，那么稳健投资的收益天花板是多少呢，一年5%～6%。所以如果有人和你说某种产品保本保息一年收益10%甚至更高，大家就要警惕了，因为这种产品大概率就是骗人的。

长期来看，权益类投资的收益率约等于GDP增速：7%～10%。

权益类投资就是投资股票、偏股型基金、混合基金，关于具体产品的介绍在后面章节中会有阐述，在这里大家先有一个概念，就是长期来看，投资权益类产品的收益率约等于GDP的增速。这点理解起来也比较容易，假设我有足够的钱，把全部的上市公司都买下来，那么我投资的收益率是不是约等于全部这些公司的发展增速，大约就是全国GDP的增速。这就是我们常说的享受国家的发展红利。

我国GDP增速最近20年基本都在7%～10%，所以投资股票市场时，把达到这个收益率作为目标就算是一个比较合理的追求。

会不会遇到天花板？你认识巴菲特吗？

巴菲特是全世界最著名、最成功的投资家，靠着投资也赚取了无数财富。那么，大家知道巴菲特投资的平均年化收益率是多少吗？揭晓一下答案：截至2018年，其平均年化收益率为21.7%。

很多人会说20%听起来也不高呀，我身边的某某，甚至笔者在某些年的收益率比他还高呢。这可不是吹牛，但是还记得本书之前提到过的浮盈和波动吗？巴菲特之所以是巴菲特，就是因为其在过去50年几乎都能做到年化收益率20%，这种经过复利加成的收益是巨大的！或者可以这么理解，做到一年赚20%的收益可能不难，但是如果我们追求的是年年都赚20%，这就很难了，做到了坚持20年，你也就成为第二个巴菲特了。追求一年赚20%的收益这种短期目标其实没有什么意义，所以我们投资的长期收益天花板定在20%即可，再高就真的有些为难人了。

总结如下：

（1）请先算出自己能用来投资的最大本金，注意要考虑未来的资金增量及短期负债。

（2）请做一下上面给出的那套风险测试题，尤其注意自己主观对风险的接受程度，记住自己的答案。

（3）分享自己未来的流动性要求和资金需求，把关键点标出来。

（4）定一个预期的收益目标。

这几步做完之后，我们的投资策略就呼之欲出了。但是还差一个最重要的因素——投资产品，这将在下一章进行分析。

第 4 章

投资品种

投资产品是绝大多数投资者接触到投资的第一媒介。比如，大家都在讨论的某只基金、某只股票。事实上大部分投资产品都比较复杂，且各有特点。因此，在分析完自身情况、了解自己的投资需求和限制后，就需要了解这些投资产品的特点，并根据自身情况来选择适合自己的投资产品。

4.1 银行产品

作为绝大多数家庭的资金归集地，银行是目前最重要的一种投资渠道。可能很多年轻人都会说我的钱都不在银行里，但是大多数40岁以上的人的钱都在银行，并且这部分用户的资金占银行资金很大比例。银行也是大家心目中最安全的存钱场所，那么银行的投资产品都有哪些呢？

4.1.1 普通存款

普通存款就是最基本的存款，比如活期存款、定期存款等。现在大部分人基本都不会把普通银行存款当成理财手段，因为利率实在是不高。活期存款就不说了，基本上难以抵御通货膨胀，一年的定期存款基本在2%左右，并且是封闭的。单纯从投资角度来看这种方式确实不是特别好的选择。从风险角度来说，在银行存款自然是理论上最保险的，因为银行的监管和保证金制度使得在银行存款几乎不会存在任何风险。当然，可能会有人说“几乎”不存在那就还是存在，如果非要这么较真，那么确实可能存在风险，比如挤兑导致的流动性风险或者其他重大事件导致的破产清算等。不过，一般出现这种情况时政府就会出手，不会让大家的钱白白消失的，从之前的案例来看，个人用户在商业银行50万元以内的存款是可以确保兑付的。

4.1.2 智能存款

智能存款是最近几年新出现的银行存款产品，本质来说也是存款，但是最大的特点是可以保证流动性。这是什么意思呢，举个简单的例子，当我们买了一个5年期的智能存款时，如果我们安心地持有5年，那么就能有一个5年期定期存款的收益率，一般年化在4%～5.5%，其实和风险相比这个收益率很好了，但是封闭5年确实流动性太差了。假如有一天我们急需用钱，也是可以从这5年定期的智能存款中拿出钱的，但是这时就不能享受到5年定期的利率，可能只有一个活期利率折算的利息，或者按照持有时间折算的1年期、2年期的利率，这就要比5年期的利率低很多了。

综合来看，智能存款算是一种兼顾收益、风险和流动性的产品，推出之后也确实受到了很多投资者的追捧。大家也可以关注。

4.1.3　银行理财

广义的银行理财产品是指银行在售的所有理财产品，而狭义的理财产品则是银行自己设计、开发并销售的理财产品。在银行购买理财产品前需要先确认一下银行到底只是在销售这个产品，还是说这个产品本就是银行发的，万一产品出了问题，这两种模式下的责权关系可是完全不一样的。这是第一点需要注意的。

第二点需要注意的是，并不是所有的银行产品都是低风险的，这一点大家切记。因为很多投资者会把银行理财和低风险甚至保本保息联系在一起，从而忽视风险，这会造成很惨痛的后果。比如，原油宝事件就是典型的例子，在疫情影响下原油价格大幅下跌，银行开始宣传原油投资价值，于是投资者买入了“原油宝”这个产品，但事情的走势发展情况并没有想得那么简单，油价进一步下跌的同时，“原油宝”产品底层的期货交割日期却越来越近，最终直接导致整个产品爆仓，结果就是大部分投资者不仅血本无归，甚至还倒欠了一大笔钱。当然最后银行因为违规宣传，没有让投资者再去支付多余的亏损，并且赔偿了20%的本金，但这件事情告诉我们，就算是银行销售的理财产品，风险一样可能会很大。

最近有一个例子，就是某行推出了一款理财产品，因为底层债券违约，导致投资者也遭受了很大的损失，这个产品还是四大行发行的，100万元起投，大部投资者都是奔着稳健投资去的高净值用户，但就算是高净值用户也一并被“收割”了。

当然，这里不是说银行理财产品就风险大或者不值得投资，而是在选择银行理财之前要擦亮眼睛，要清楚产品的发行方、风险、投资周期、流动性等，银行销售的理财产品五花八门，可能包括存款产品、债券、资管、贵金属、基金、期货等，千万不要单纯地相信销售经理或者产品宣传画册的介绍，充分了解后再选择适合自己的才是最好的。

总结一下，银行的存款产品一般来说都是超低风险的，并且随着智能存款产品的出现，强流动性也在一定程度上得到了保障，但很显然，收益很低。而对于银行在售的其他理财产品，银行可能起的仅仅是一个代销渠道的作用，并且这些产品五花八门，切不可简单地认为在银行买的投资产品就一定是低风险的。

4.2 基　金

基金是广大投资者最常见也是最频繁接触的投资产品，因为其丰富的种类和成熟的运作模式，基金基本可以满足大部分投资者的投资需求，也是我建议大家重点关注的投资产品。下面就简单介绍一下基金产品。

4.2.1 公募基金VS私募基金

公募基金是面向广大投资者的基金产品，相比之下，私募基金则是面对部分特定用户的基金产品，因此私募基金一般不能公开宣传，投资门槛相对较高，基本上仅是针对高净值用户的，普通投资者一般不会也不能进行私募基金的投资。

我们一般说的基金产品，在没有特别说明的情况下，是指公募基金。公募基金是由基金公司发行，由基金经理管理，面向广大投资者的投资产品。目前，我国有60余家基金公司，有超过7 000只基金产品，对于普通投资者来说完全够用。

4.2.2　基金的分类

基金的分类有很多种方法，这里介绍几个最常见也最重要的分类方法。

1. 按投资类型分类

按投资类型分类一般可以分为货币型、债券型、混合型、股票型等，根据名字很容易看出来该类基金的投资方向：货币型主要投资的是货币工具；债券型主要投资的是债券；股票型主要投资的是股票；混合型则是几种标的的混合。需要注意的是，不同类型的基金的风险性是不同的，一般情况下风险排序是从货币型、债券型、混合型、股票型递增，货币型基金也就是我们常说的货基，基本上可以看作是无风险收益基准。

对于按投资类型的分类，这里需要专门介绍几个基金类型：

（1）ETF基金。一般是被动跟踪某个指数的指数基金，如沪深300ETF联接基金就是跟踪沪深300指数的基金。

（2）QDII。是合格海外投资者的简称，这些基金一般是投资于海外资产的，如美股等。

（3）FOF。FOF是fund of fund的缩写，是投资基金，可以理解成一系列基金打包组成一个新的基金，或者是将基金作为投资标的的基金。

2. 按交易场所分类

按交易场所分类一般分为场内交易和场外交易两种，场内交易是指在交易所进行买卖的交易，可以简单理解成和股票的交易方法、场所是一样的，需要有证券账户，只能在每天的交易时段进行交易，需要有其他投资者作为你的交易对手方，一般ETF基金都属于场内交易。

场外交易则是通过基金公司或者其代销渠道进行交易，交易对手方是基金公司，理论上任何时候都可以发起交易申请，我们平时不管是在支付宝还是在理财通，或者是在其他理财平台、银行渠道购买基金产品都属于场外交易。

3. 按是否有封闭期分类

按是否有封闭期分类，这个很好理解，有封闭期的基金就是封闭式基金，封闭期内是不能交易的。没有封闭期的基金就是开放式基金，理论上随时都可以发起交易申请。对于封闭式基金，其封闭期也有长有短，一般都会在基金名字中写清楚，比如三年封闭式基金，留意其流动性即可。

4.2.3 基金的基本知识

这里介绍一些基金的基本常识，大家需要先有个印象，然后自己在实际交易过程中再去了解和学习即可。

1. 基金的基本要素

基金名称：一般某个基金最基本的信息能从基金名称中就可以看出来，比如易方达中小盘混合，景顺长城沪深300指数增强等，可以看出基金公司、基金类别、投资方向等信息。

基金代码：每个基金都有一个唯一的基金代码，是6位数字，可以理解成基金的ID或者唯一编号。

基金净值：简单来说就是基金的价格，即买一份额该基金需要花多少钱，这个净值每天都会变化，会有基金公司在当日收盘后产出，净值升高则持有者的收益升高，净值下降则持有者的收益下跌。

2. 基金的基本交易规则

认购、申购：两者本质上都是买基金，不同之处是前者买入的是认购期的基金，即新募集基金，而后者买入的是正常的基金。认购、申购在基金开放交易时都可提交，但是注意15:00这个时间节点，在15:00之前提交的申请算到当日申请中，会用当日净值计算份额，而15:00之后的申请则要算到下一个交易日的申请中，这一点请大家注意。

赎回：赎回则是一般意义上的基金卖出，是将基金份额卖出而获得资金的行为。和认购、申购一样，也有交易日15:00前后的时间节点。另外，基金赎回不会立刻就收到钱，一般在当日发起的赎回申请，会在下一个交易中得到基金公司的确认，确认之后资金会遵循原路返回的方式回到你之前购买基金的银行卡中，但不同基金具体到账时间也不一样，有的基金确认当日就能到账，有的则需要多个工作日。这一点在购买基金之前需要先了解清楚。

快速赎回：快速赎回是赎回的一种特殊形式，很多基金公司为了满足投资者对流动性的需求，会推出一些支持快赎的货币基金，投资者每人每天会有10 000元的快赎额度，发起快赎后不需要等到第二天基金公司确认资金到账，而是在发起后2个小时内到账，增强了资金的流动性。比如，我们常见的余额宝等，就是一只支持快赎的货币基金。

分红：分红是基金普遍存在的一种交易类型，一般由基金公司择机进行。分红分为两种，一种是现金分红，顾名思义就是直接将收益分给投资者；另一种是红利再投，相当于按照要分给你的钱直接购买该基金，增加你的基金份额。这两种分红方式可以由投资者选择。另外需要注意的是，基金在分红前会进行除权，这个除权操作会导致基金净值有一个大幅下跌，甚至让投资者账面出现一笔较大的亏损，这是正常现象，在分红到账后之前因为除权而导致的亏损就会被冲抵了。

手续费：交易基金需要手续费，手续费一般分为前收费和后收费，前收费是指在买入的时候直接扣除手续费后再进行买入份额的确认，后收费是指买入时不扣除手续费，而是在赎回时候根据持有的周期来扣减手续费。另外还需要注意的是，持有不满7天就发起赎回会产生1.5%的惩罚型手续费，很多新手投资者不注意这点，频繁交易，手续费往往会损失很多。

4.2.4 总　　结

基金可以看作是专业投资人帮着大家去做投资，你买了基金，你的钱会按照基金管理人的投资意见自动投到对应的标的上去。风险程度比股票低很多，当然收益也很可观。

优势：种类繁多，基本可以满足大部分投资者的需求。

波动性、风险性相对股票较低。收益相对于银行理财高。

有专业人士帮助打理，学习成本相对较低。

紧跟市场，可以了解到市场行情的变化，也能享受经济水平整体上涨的红利。

劣势：仍然存在一定的波动性、风险性。

虽然有专业人士打理，但是对于基金的挑选和买入、卖出时机的选择还是需要自己决定。

4.3 股　　票

股票可能是广大投资者讨论度、关注度最高的投资产品。不管是各种神乎其神的投资能手，或者是我们普通人，似乎都在无时无刻地讨论着股票，诚然股票造就了很多财富神话，但股票也让很多投资者血本无归。那么，股票作为投资工具有什么特点呢？

4.3.1 什么是股票

股票严格意义来说就是企业的所有权凭证，比如，公司将自己的资产分成100万份，然后发行100万份股票，而作为投资者，买入其中的10 000元股票，那么这个投资者就相当于拥有了该企业1%的所有权，可以对公司重大事项的决策进行投票，然后公司赚的钱会按照一定比例分红给股票持有人。这就是股票的本质。

股票可以按照交易市场分为A股市场、美股市场等，也可以按照市值大小分为大盘股、小盘股；还可以按照行业、风格等进行分类。对于广大投资者来说，我们一般所指的股票是在A股上市的流动股，也就是自由交易的股票。

4.3.2 股票的基本知识

（1）股价：即股票的价格。交易股票时会根据报价成交，价格的变动也影响我们持有股票的收益，基本大部分投资者都希望持有股票然后等待股价上市从而获利。

（2）交易时间：A股股票的交易日是9：30～11：30，13：00～15:00，非交易时间是不能进行股票交易的。

（3）涨停、跌停：为了防止市场异常波动，A股设置了股票的涨停、跌停限制，A股主板是10%的上下限，即每天最多涨10%，跌也是最多10%。创业板目前是20%的涨跌停限制。

（4）分红：股票也有分红，在企业当年有盈利的情况下会安排分红，方法和基金差不多，可能以现金分红的形式，也可能会直接增加股票份额。类似的，在股票分红的时候也有除权，即股价会有一个下跌，这是需要注意的。

（5）手续费：股票的交易都有手续费，这个要和券商沟通好，一般会有手续费，需要注意的是，买股票和卖股票都会有，收两次。另外，大部分券商有最低5元的手续费下限。这个手续费在交易很频繁的情况下是一笔很大的开销，一定要注意。

（6）成交价：这点和基金不太一样，基金的每天交易会按照基金公司产出的当天净值来进行结算，但股票每天的成交价格是不一样的，是根据实时的报价和对手方的报价来决定的，所以一天内的不同时间成交价格可能会差别很大。

4.3.3 总　　结

优势：在合适的时机下，收益会很高。

国内的股票氛围还不错，有很多知识可以学习，有很多人可以一起交流，比较大众化，没有起购金额的限制。

劣势：收益高对应风险高，股市7亏2平1赚，作为散户，在没有专业知识和职业投资素养的情况下，不建议轻易入市。

入门容易精通难。要在几千家上市公司中挑到合适的标的，意味着你要了解各行各业、要能看懂财报等。对于专业程度要求很高。

波动太大。很容易几天赚好几倍然后几天又全部亏掉。波动性大对于成熟投资者来说不一定是坏事，但是对于不成熟的投资者来说就很危险。

4.4　其他投资产品

上面说的银行理财产品+基金+股票基本能满足大部分投资者的投资需求，对于剩下的投资产品，本书只是简单提一下。剩下的投资产品大部分对于普通投资者来说都不太友好，或者是风险太高，或者是专业性过强，在投资组合中配置相关产品可能更多的是为了对冲风险或者满足其他投资需求，大家了解一下就好。

4.4.1　期　　货

期货交易是一个很大的品类，本质上是一个金融衍生品，其真正的底层可能千差万别，可能是外汇、股票、原油、贵金属、房地产、衍生债甚至是玉米、棉花等实物。期货交易可以简单理解成是一个约定，约定未来某个时间点以某个价格交易某个产品。而期货最大的特点就是高杠杆，比如交1万元的保证金就可以买到10万元的期货产品，高杠杆在一定程度上会放大收益。同时，高杠杆也意味着高风险，比如上面的例子，底层产品下跌超过10%，本金就会全部亏光，这是相当恐怖的情况了。

4.4.2　黄　　金

黄金属于贵金属，但因为其特殊的特质使其区别于其他贵金属成为资产保值的重要手段。一般情况下，货币会随着超发而贬值，也就是出现我们常说的通货膨胀，而黄金作为硬通货，在货币价格下跌的情况下有相当强的保值属性。当然作为稳健保值的投资产品，金价也会随着市场行情波动，金价的上涨自然也是黄金投资者的收益来源。在2020年初，包括疫情情况、世界局势在内的多个因素使得金价一路上涨，达到一个相对高点，使得黄金投资也再一次进入人们的视野。

黄金投资的优势自然是保值抗通货膨胀，劣势也比较明显，就是其自身不会产生价值，与之对应的钱存在银行会有利息，买股票只要企业盈利就会有分红，而黄金则什么都没有。投资黄金的手段也比较多样，可以直接购买黄金实物，也可以选择黄金ETF基金，或者黄金期货，甚至是相关企业的股票进行投资。

4.4.3 房　　产

在过去10～20年，房产可以称为最炙手可热的投资产品，只要在过去10～20年内买入房产的投资者基本都获得了不错的回报。诚然，房地产也是一种投资方式，并且和股票基金等不一样，买入房产后，房子本身是可以自己使用或者出租产生价值的。因此，很多投资者都还是比较青睐于房产投资。

当然房产投资的弊端也是比较明显的，周期长，动用资金量大。另外，从目前的政策导向和市场情况来看，未来国家也会进一步收紧房地产炒作的势头，这样一来，除了一二线城市外，其他大部分城市房产的投资价值和过去10年完全没有可比性，这一点大家要注意。

第 5 章

低估指数定投

从本章开始，和大家分享一些具体的投资策略，我会尽量详细地讲述全部的操作流程，希望会对大家有所帮助。

本章介绍一个门槛相对较低，但策略足够有效的投资策略——低估指数定投策略，该策略操作简单，安全边际相对较高，长期来看，收益确定性也很高，很适合投资者进行长期投资。

5.1 估值是什么

我们经常会听到很多投资者说某某股票太贵了、不能买了，某某指数目前低估可以布局。这种贵不贵、高估低估的行为，实际上就是估值。

估值本质是通过一系列的计算和分析，来推测资产标的的内在价值，通过对该内在价值与资产标的的实际价格对比，推测出资产标的目前是高估还是低估，从而进行投资决策。

举一个简单的例子，假设某上市公司目前的市值是500亿元，对应股价是50元。某投资机构分析了该公司的财报和市场情况，认为这家公司明年业绩会大涨，然后推算出现在这家公司的市值应该是1 000亿元，对应的股价应该是100元。那么目前50元股价和所分析的该公司实际内在价值对应的股价100元相比，就是明显的低估了。这时就很容易做出买入的决定。

同理，如果经过分析得出某个资产标的的实际内在价值低于目前的市场价格，则意味着该标的是高估状态，需要卖出。比如，在2007年和2014年牛市的时候，在企业本身发展和行业发展情况几乎没有变化的前提下，整个A股普遍开始上涨，很多企业股价翻了几倍，就好像卖白菜，白菜还是那个白菜，突然价格就翻倍了。当时整个市场都处在极度高估状态，这时最好的策略就是卖出。事实上也确实如此，2007年和2014年市场到顶后，都开始出现了大幅下跌，而当时在高估区间买入的投资者自然也是亏到肉疼。

5.2　怎样判断估值

对于估值的判断，不同的标的有不同的方法，也会用到不同的指标，并不存在所谓的通用方法。这一点在投资上也是一样的，并不会存在一个所谓的“万全之策”，掌握之后就能百战不殆。但我们只需掌握几个指标和方法，了解清楚它们的适用范围和局限性，然后等待适用的条件和产品出现即可。记住：投资市场最不缺的就是机会，把握住机会才是王道。

怎样判断估值，这里介绍两个比较常用，也比较容易理解的指标，PE和PB。

5.2.1　PE

PE（price/EPS，每股收益）即市盈率，算法是股票的价格/每股收益，这样理解不太直观，我们给这个公式分子分母同时乘以股数，就能得到市盈率=股票市值/净利润的计算公式。这样，市盈率的概念就好理解了，即公司每赚1元钱利润，对应的公司市值是多少。假设A、B两公司今年都赚1亿元，而A公司的市值是10亿元，B公司的市值是5亿元，那么不考虑其他影响因素的情况下，很显然，B公司股票要比A公司更加便宜。试想我们是亿万富翁，现在在A、B两家公司中选择买一家的股票，买A意味着我花10亿元今年赚1亿元，买B意味着我花5亿元今年也能赚1亿元，这样比较答案就很明显了。

市盈率很显然是越低越好，越低意味着在公司盈利能力相同的情况下，公司的股价越便宜，自然越值得投资。PE还有一个更直观的概念，就是靠公司的净利润，买入公司要多少年才能回本。举个例子，比如茅台目前的市盈率为48.42，也就是公司目前市值除以去年的利润是48.42，换句话来说，如果在公司市值和利润不变的情况下，公司48.42年赚的钱刚好等于公司现在的市值。

也就是说，投资茅台如果只考虑公司利润，则需要48.42年才能回本。

当然，这是一个比较粗糙的概念，但也相当简单明了。之前出现过某“妖股”的市盈率超过2000的情况，简单来说就是从汉朝买入持有到现在，公司才能让这笔投资回本。另外，在查企业或者企业指数的市盈率时，往往会发现有三个值，市盈率（静）、市盈率（动）、市盈率（TTM），这三个指标的主要区别是利润的计算，如图5-1所示。

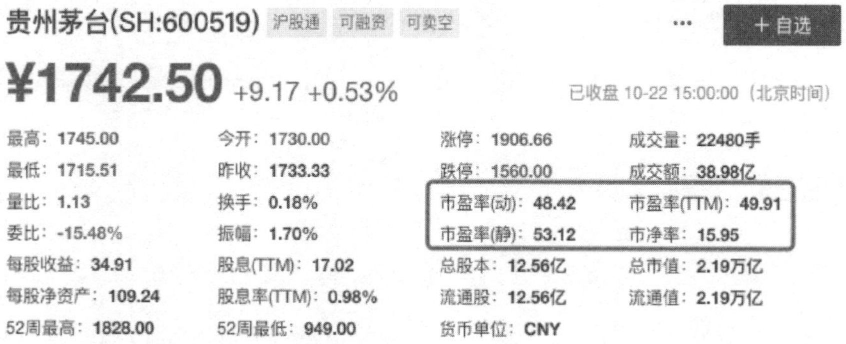

图5-1

市盈（静）率即为静态市盈率。在计算时市值即为当前市值，利润使用上一年度的净利润。该指标的缺陷是无法顾及利润的更新时间，比如，在2020年初计算静态市盈率时，可能2018年企业的年报还没有发布，只能使用2018年的净利润，时间跨度和误差会很大。简单来说，静态市盈率比较适合业务变化不大的标的使用。

市盈率（动）即为动态市盈率，主要是为了避免静态市盈率不能反映当年利润弊端的影响，动态市盈率在计算时一般使用当年的预估净利润，这样就能保证数据的时效性。当然，这种计算的缺陷就是其预估净利润可能不准确。动态市盈率比较适合业务短期内出现大幅变化的标的使用。

市盈率（TTM）即为滚动市盈率，是使用过去4个季度的净利润求和计算出近一年的净利润，再计算市盈率。滚动市盈率算是一个比较折中的计算方法，也是我个人使用比较多的指标。在不清楚使用哪个计算时，使用滚动市盈率即可，如图5-2所示。

	利润指标	缺　　陷	适用场景
静态市盈率	上一年度净利润	利润数据更新不及时	业务变化不大的标的
动态市盈率	预估本年度净利润	利润数据为预估数据	当期业务变化巨大的标的
滚动市盈率	最近4季度净利润	业务发生重大变化时数据延迟	基本适用

图5-2

5.2.2　PB

PB，即为市净率，算法为股票市值/企业净资产。这个指标理解起来相对容易一些，就是你买入一家企业，总共花了几倍的价格。举例说明：一家企业不去考虑市场和公司经验情况，就把这家企业目前手上的资金、厂房、设备等资产加起来算出这家企业现在的净资产是多少，然后看我们买下这家企业要花的钱比这个净资产是高了还是低了，高了多少倍，就能看出这笔交易是买贵了还是赚到了。

PB自然是越低越好。从两家公司中选择，一家净资产是100万元，另一家净资产是50万元，买下两家的价格都是200万元，很显然选择前者更划算。前者PB是200万元/100万元=2，后者PB则是200万元/50万元=4，前者更低，选择前者自然是更划算的买卖。这里再发散一下，如果一家公司的PB＜1说明什么呢？PB=股票市值/企业净资产，说明现在这家企业的价格比其拥有的净资产都要低。不要惊讶，在一些情况下确实会出现这种现象，在美国大萧条期间，著名的投资大师格雷厄姆就是靠着买入大量跌破净值的“烟蒂股”获得了大量收益。当然，这里不是说PB＜1的企业都值得投资，比如，一些在破产边缘或者未来预期特别不好的企业，对于它们还是要远离，如图5-3所示。

需要注意的是，我们一般在看企业或者指数估值的时候，PE和PB都会一起分析。但是有一类行业比较特别，就是金融类行业，如银行、保险、券商等，金融类企业一般不使用PE进行估值分析，而主要用PB进行分析。主要原因是金融行业的利润计算逻辑和其他行业不太一样，如银行，假设今年收入是1亿元，去掉成本还有5 000万元，正常情况下这5 000万元就是利润，但是银行有一个拨备资金，相当于把钱放进去来防治以后的违约风险，然后银行把这5 000万元中的4 000万元都放到拨备资金中，在财报上的净利润就只剩下1 000万元。事实上今年实际赚了5 000万元，这就导致使用净利润并不能衡量银行的发展情况，那么对应地，PE也自然就失真了。

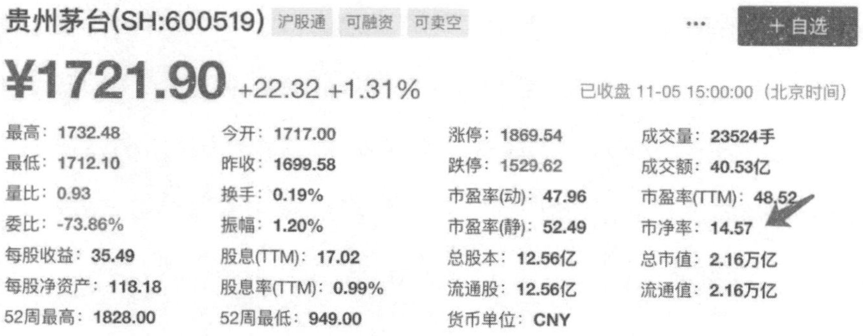

图5-3

5.2.3 估值的比较

如果需要查看企业和行业的PE和PB，可以随意打开一个券商网站，搜索你要找的股票或者指数名称或代码即可。当然，现在还有很多专业的数据平台做类似的数据提供和分析工作，对于股票估值可以从雪球、东方财富去看；至于指数估值，可以直接去中证指数、上证指数的官网去查询，也可以从一些付费平台如理杏仁、集思录去看。

得到了标的的PE和PB之后，我们应该如何判断该标的目前的估值水平呢？比如，PE=20的企业现在值得买入吗？PB=8的指数现在是高估还是低估？这里介绍两个比较方法。

1. 同行业横向对比

同行业横向对比比较好理解，就是可以用和这个标的在同一行业的企业进行对比，该方法一般适用于股票的估值比较。同一行业往往会有相似的发展条件、市场环境和未来行业的预期，相对来说是可以比较的。举个例子，有一个小朋友，你想看他高不高，就把他的身高和他班上的其他同学相比即可。这就是横向对比。

这里可以再具体一些，重点关注三个指标的比较。第一个指标是该公司与该行业平均估值的对比情况。第二个指标是该公司与行业老大的平均估值对比情况。第三个指标是该公司与行业内类似规模和发展情况的公司的对比情况，如图 5-4所示。

项　目	目标公司	行业平均	行业龙头	可比较公司
PE	25	20	21	26
PB	2.5	2	2.1	2.6

图5-4

通过对比分析PE、PB可以得到，目标公司的估值比行业平均和行业龙头都要高，基本和可比较公司相同。这时就需要分析了，凭什么目标公司的估值就可以比行业平均估值要高，比行业龙头也高呢？是不是有什么可预见的重大提升？有新技术、新产品？是不是在逐步增加市场份额？或者比其他同行公司都更加稳健、发展更好？如果都不是，那么很遗憾，目标公司的估值相当于行业其他公司大概率是高了。

2. 历史纵向对比

横向对比，是同一时间点不同标的之间的比较，而历史纵向对比则是将标的目前的估值情况与标的历史的估值情况进行对比，即自己的现在与自己的过去进行对比。举个例子，你想知道自己最近用不用减肥，大概率不会拿自己的体重和模特或者相扑运动员比较，而是看自己和上个月、半年前、去年的自己相比是胖了还是瘦了。这就是历史纵向比较。

关于历史纵向对比，比较常用的方法是历史百分位比较法。

简单的介绍一下百分位比较法。假设一个指数在过去10年的PE值在10～20波动，目前的PE值是17，现在的PE值是高还是低呢？单纯地用目前的估值和历史最大、最小值估计肯定是不合理的，因为我们并不清楚极值出现的时间和保持的频率。那么历史百分位比较法是什么原理呢？简单来说就是当前PE比历史上多长时间要大。

这个怎么理解呢，比如上述例子中，过去10年中有5年时间PE都在17以下，另外5年时间PE都在5以上，那么当前的PE历史百分位就是50%。这个50%有什么意义呢？它意味着这个公司历史上有一半时间比当前估值要贵，一半时间比当前估值要便宜。这么说可能有些难以理解，举一些极端的情况说明大家就懂了，比如现在的PE值是21，那么假设当前的PE值比历史上100%的时间都要高，也可以理解成比历史上全部时间都要贵，那么我们就能清楚地知道这个指数目前是处在历史高位了。

反之，如果这个指数目前的PE是5，比历史上全部的时间都要小，那么它的历史百分位就是0，可以理解成目前该指数的估值比历史上任意时间都要便宜。

这样一来，就可以很直观地看到投资标的目前的估值是高了还是低了，因为一家企业或者指数的估值都会在一个正常的水平范围内波动，所以比历史上大部分时间都贵这样的状态相对来说就是高估，比历史上大部分时间都便宜就是低估。这样就比较直观了。

下面以2020年11月9日中证消费的PE情况为例，近10年的PE和收盘点位如图5-5所示。

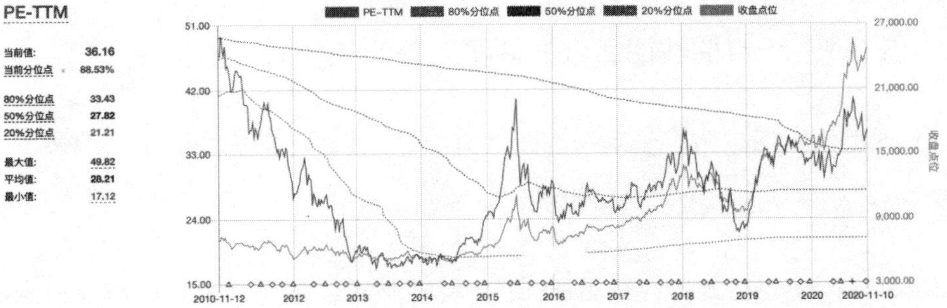

图5-5

可以看到，当前值是36.16，当前历史分位点为88.53%，意味着这个指数比历史上88.53%的时间都要贵，这个就可以作为目前是否投资该指数的一个判断依据。

一般来说，我们会把历史百分位估值分为5档，分别为极度低估、低估、正常、高估、极度高估，对应的估值历史百分位点的分布如图5-6所示。

历史分位值	0~20	20~40	40~60	60~80	80~100
估值判断	极度低估	低估	正常	高估	极度高估

图5-6

当然，这个方法也不是万能的，也有一些限制，比如使用的范围、判断的依据等，我们会在后面的章节中继续和大家分享。

5.3 什么指数基金适合低估定投

前面介绍了估值是什么，以及如何判断估值，那么就可以将其运用到我们的投资策略中，但在实际投资中，并不是所有的低估指数都适合进行投资，这其中可能存在很多初学者容易掉下去的陷阱，那到底应该选择哪些指数基金来作为我们低估定投策略的标的呢？下面进行详细介绍。

5.3.1 所有指数都适合低估买入吗

既然可以通过估值来判断指数便宜与否，那么这里就有一个很重要的问题，只要是低估的指数都可以进行投资吗？

答案当然是否定的。市值=估值×收益，估值从低到高恢复的过程导致的市值上涨，有另外一个很重要的变量：收益。我们思考一下，估值从低估恢复到正常而收益大幅下降的时候，市值还一定会上升吗？这时就会出现估值恢复了，出现我们投资却没有赚钱的情况。这就是“估值陷阱”。

之所以会出现估值陷阱，是因为在分析投资标的时，一味地或者单一地选择估值作为唯一分析依据，而选择的标的的收益情况又不确定，这种情况下PE的估值是失效的。下面举几个例子。

1. 中证传媒

传媒行业在2019年Q1整个广告传媒行业发展走弱，并且很多行业选择在Q1暴露出之前的财务问题，如坏账等，这种大规模的“财务洗澡”直接导致整个行业收益的大幅下跌。中证传媒当时的PE和市值走势情况，如图5-7所示。

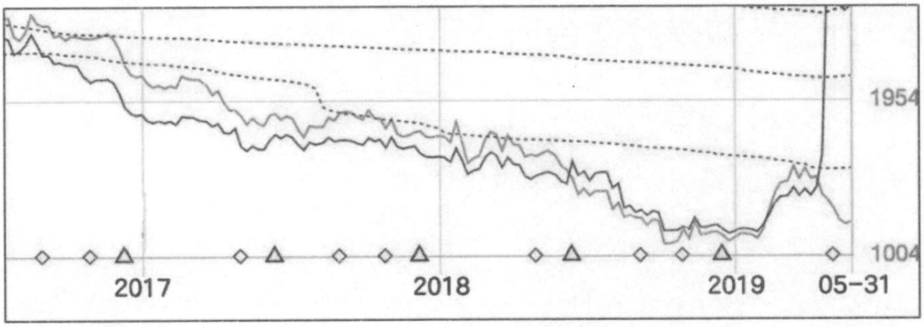

图5-7

可以看到，在2019年4月底Q1季报发布之后，整个行业的估值因为收益的下跌直接飙升，而与此同时股价却一直在跌。而按照单一的估值理论，在4月底估值飙升前，中证传媒处在历史低估区间，而一旦开始买入，非但不会获得收益，估值还会莫名其妙地变成高估，需要进行割肉。这就是典型的估值陷阱。那么如何避免这种情况呢？

第一个估值法则：选择收益稳定的标的。一般情况下，宽指的收益比行业稳定，行业一般也比行业内的个股要稳定。对于行业而言，要尽量避免周期行业、收益起伏过大的行业。因此，我本身的投资组合可以剔除，如煤炭、钢铁、传媒等收益不稳定的。

2. 中证军工

从2017年到2019年中最大回撤近40%，而最高收益也不到30%。你要是问我在军工低估的时候买，等到牛市的时候会涨上去吗？答案是会的。但是它是一个好的投资标的吗？未必。因为在牛市的时候，不管是什么都会涨，而军工行业的低估区间可能会很长，从长期持有的角度来看，除非是牛市到来，否则收益情况会很一般，如图5-8所示。

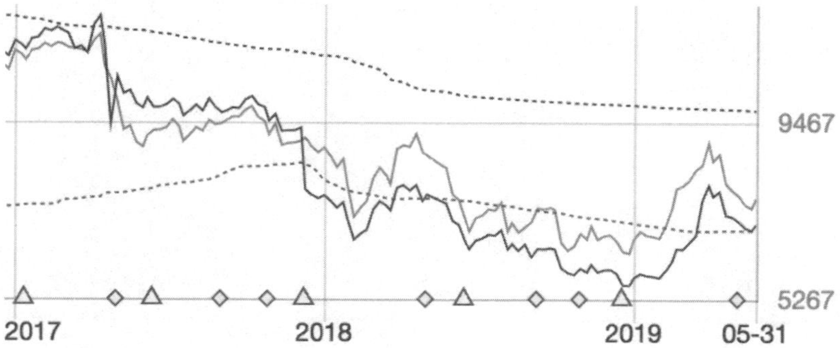

图5-8

为什么会出现这个问题呢？是因为行业的收益持续增长情况。对于军工行业，从2012年之后的ROE（净资产收益率）平均为3%左右，意味着如果没有遇到牛市，买军工还不如买银行理财，因为过去几年军工指数的净资产收益率比银行理财还要低（5%～6%）。我们一定要清楚地意识到投资不等于投机，对于买入标的的选择除了要看历史估值情况外，还需要关注指数自身的盈利情况。

第二个估值法则：在低估区间指数中，尽可能选择收益良好的标的。这里推荐如医药、消费、银行等，都是收益比较好的行业。

3. 基建工程

我们可以看到基建工程的PE，目前是整个历史上的极度低点，笔者的组合本身也有持有。但是我们需要知道投资该标的有着巨大的风险。为什么呢，因为这个行业指数的历史周期太短了，只有5年，没有经历过完整的经济周期。现在的历史低点有可能并不是低点。

第三个估值法则：尽量选择成立时间长的指数。一般情况下，在查看历史数据时，我会直接剔除掉成立不满5年的指数，如图5-9所示。

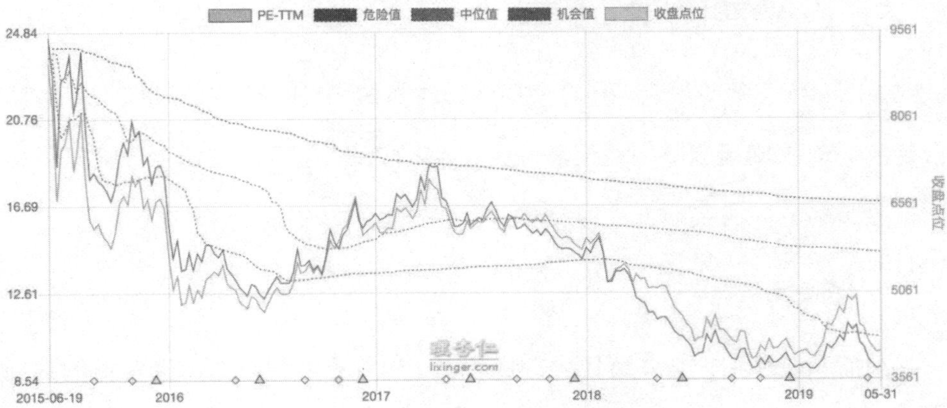

图5-9

总结如下：

为什么要选择长期定投低估指数？

因为，可以获得指数本身增长带来的收益，以及指数估值恢复带来的收益。

是否所有的低估指数都有投资价值？

不是。

那么，哪些低估指数不值得投资呢？

（1）收益不稳定的指数；

（2）收益水平较差的指数；

（3）成立时间过短的指数。

5.3.2 基金的选择和推荐

上面介绍了哪些基金不适合使用估值的方法进行判断。那么，哪些指数适合使用估值来衡量当前是否值得投资呢？又有哪些指数比较适合作为低估指数定投策略的标的呢？

1. A股宽指

宽指一般是指包含范围比较广的指数，相对比如行业指数选择标的的范围会更广。因此，宽指更能反映市场整体走势和估值情况，不太容易受到个别事件或者个别行业的影响。因此，根据估值来判断宽指是否可以进行投资是相对比较公允的。

这里列出一些值得关注的A股宽指：上证50、沪深300、中证500、创业板指等，另外可以关注一些增强或价值指数，比如沪深300增强、中证红利、上证红利等。

2. 非周期性的行业指数

行业指数相当于是在宽指上做了聚焦，在一定程度上可以比宽指更具有投资的张力。这里需要注意的是，在使用估值来判断行业指数投资价值时，需要选择非周期的行业，因为对于周期行业来说，估值不仅不能准确反映当前市场位置，甚至会做出截然相反的判断。举个例子，比如某行业在周期到来之后，利润大幅增加，从而导致估值下跌，看似低估，而此时买入后，会面临周期陷入低谷、利润大幅下跌，就算在股价不变的情况下，此前的低估立马变成高估，之前入场的投资者就会被套。

一般来说，行业指数大家不需要关注太多，建议从以下行业指数中选择：消费、医药、金融（银行、保险）、TMT、白酒，还可以适当关注科技板块，如新能源、半导体、芯片等。

3. 海外宽指

与A股宽指逻辑一样，海外宽指也可以使用估值进行衡量。除此之外，A股内部相对来说相关性较高，在整体行情下，所有宽指和行业指数很容易处在低估或高估区间，不利于分散风险，此时就可以适当配置一些低估的海外指数。

常见的海外指数有：恒生指数（港股）、H股指数（港股）、香港中小、标普500（美股）、纳指100（美股）等。

5.4　场内基金还是场外基金

在投资基金的时候，可以选择投资场内基金和场外基金，那么，对于场内基金和场外基金我们应该如何选择呢？

在介绍如何选择之前，要先了解什么是场内基金，什么是场外基金。

场外基金就是比较常见的基金，需要在基金代销平台或者基金公司进行申购、认购赎回操作，每个交易日更新一次净值，在每个交易日按照当天的净值进行确认，和当天什么时候买、买的人多不多没关系，只和基金本身标的的增幅有关系。起购金额基本上1～10元起。我们平时接触的基金大多数是这种。

场内基金是指在交易所进行交易的基金，就是需要开通证券账户，在券商App上进行交易。对于普通投资者来说，交易对象也不是基金公司，而是像股票一样，从别人手中买卖。场内基金最小交易份额也像股票一样，是100份。每天的成交价格是按照买卖双方的实际成交价格计算，而不是基金本身的估值和净值。

这里就不展开讲解了，大概知道场内基金大多是ETF、LOF这类基金即可。那么，场内基金和场外基金该怎么选择呢？

1. 对于大部分人来说，选择场外基金即可

这样选择主要还是为了方便，因为购买场内基金要开通证券账户，并不是所有人都有证券账户。另外，现在基金的销售和推广已经做得很好了，可以在知名的平台上购买，体验和安全都能得到保障。相对于场内基金，场外基金因为不需要开通证券账户，所以操作起来相对方便一些。

2. 看基金是否有场内基金

现在大部分基金都是场外基金，能支持场内交易的大多都是被动管理的指数基金，所以在很多情况下，我们并不需要考虑是选择场内基金还是场外基金，因为你想买的基金没有场内基金。现在看来，最热门的主动管理基金基本上都是场外基金，所以在选择基金的时候，先看看是否能选场外基金，然后才有必要考虑是否要选择场内基金。

3. 看基金本身情况

无论选择场内基金还是场外基金，本质上还是挑选合适的基金，要站在基金本身的层面进行选择。场内基金或场外基金再怎么适合，基金本身不佳也不行，所以本质上就又回到怎么挑选基金的问题上，选择基金应该有自己的一套标准，比如考虑最近收益、行业排名、评级、基金经理业绩、资金量等。鉴于场内基金大多都是被动管理的指数基金，可以多关注跟踪误差这个指标，跟踪误差越小，说明该基金跟踪指数标的越紧密，这种情况一般越值得购买。

4. 看资金量，资金量大的可以考虑购买场内基金

为什么要看资金量呢？因为场内基金交易手续费一般比场外基金便宜。买卖一般都需要交手续费，这个手续费看起来不高，如5‰，但是和场内基金交易佣金（一般万分之几）相比就明显高多了。不要忽视这个手续费，因为大部分人的交易手续费都是一笔的很大开销，所以如果投资的资金量比较大，可以选择购买场内基金，会节省一部分手续费。

5. 看交易频率，交易频率比较高的可以考虑购买场内基金

理由同上一条，交易频率比较高的选择场内基金进行交易可以少交一部分手续费。但是这里还是建议降低交易频率，一方面可以降低成本，另一方面频繁交易意味着我们在买入的时候并没有考虑清楚，还是要多看多学少操作。

6. 看资金流动性要求

这一点也比较好理解，场外基金当天赎回，第二个工作日确认，一般钱到账都是2～3天后；而场内基金一般交易实时确认，当天就可以拿到钱。这两个赎回资金到账的时间差异其实还是蛮大的。对于资金流动性有要求的用户，场内基金可能是更好的选择。

另外，选择场内基金的时候，要注意看流动性如何，也就是交易量。因为一个场内基金如果没有交易量，当你要买入或者卖出的时候，为了快速促成交易，你往往需要接受一个不太好的价格。比如当你要卖出的时候，有1万个人等着买，出价1.0～1.5元，自然可以按照最高价1.5元卖出，而流动性不好的基金，只有1个人要买，他出价就是1.0元，这时如果你着急卖出，就只能选择1.0元来匹配成交，这样价格上就会吃亏很多。

5.5 为什么要定投

前面几个章节介绍了估值的概念，以及低估指数的选择，那么我们选出值得投资的低估指数基金之后应该如何进行投资呢？应该什么时候买入？买入多少资金量？对于低估指数，我们应该做的是在低估买入，等待估值恢复赚取收益，而估值的变化具有长期性，一般情况下并不会说今天是低估明天就变成高估，而是一个区间，我们要做的也就是在低估区间持续买入即可。因此，定投是很适合低估指数投资策略的买入方式。

5.5.1 什么是定投

对于定投其实大家多多少少都听说过，很多投资博主也都建议新手投资者从定投做起，那么定投到底是什么呢？

定投本身没有那么高级，本质上就是以一定的周期，按照特定的规律来投资某个投资标的的手段。比如，每周三买100元的沪深300指数基金或者每月买100股茅台都属于定投。

定投的三个要素如下：一是周期，如每天、每周、每月都可以。二是买入规则，一般分为每期买入固定金额、每期买入固定份额和浮动买入等。三是投资标的，即每次买入的到底是什么。

关于周期的问题，没必要太过纠结，比如很多人认为是不是每天定投效果会更好，其实拉长时间周期到3年、5年甚至更长的期限，选择每天、每周或者每月其实影响不大。笔者认为对此还是需要平衡自己日常的精力和资金流，基本上按每周或者每月即可。

对于买入规则而言，每期买入固定金额是最简单的，因为金额固定，操作最方便；每期买入固定份数一般是用在股票上。浮动买入规则则是需要投资者有一定的投资经验后根据市场变化制定，新手投资者一般选择固定金额即可。

对于投资标的而言，一般适合定投的标的需要具备以下几个特征：一是永续性，要能保证这个产品长期存在；二是要保证长期向上，短期内可以有波动，但长期内是上涨的，不然长期投资下来可能还是亏损。综合考虑，指数基金是最适合定投的标的之一。

5.5.2　定投的好处

介绍完定投的基本概念，下面就介绍为什么要定投。其实很多初学者的投资之路都是从定投开始的，我建议投资小白可以先从低估指数定投策略开始，因为定投对大部分普通投资者来说，是比较友好且比较容易接受的一种投资方式。那么，我们一起来看看定投都有什么优势。

1. 成本平均、分散风险

普通投资者很难适时掌握正确的投资时点，常常是在市场高点买入，在市场低点卖出。而采用基金定期、定额的投资方式，无论市场行情如何波动，投资的成本也都会比较平均。面对市场大跌时，继续进行定投往往会进一步地降低成本，从而达到分散风险的效果。

2. 适合长期投资

由于定期、定额投资是分批进场投资，在下跌时坚持定投会降低整体买入成本，因此反而可以越买越便宜，市场回升后的投资报酬率也胜过单笔投资。因此，选择长期向上的标的进行投资，往往持有越久收益越多。因此，定投非常适合长期投资计划。

3. 自动扣款，手续简单

对于定投目前很多平台都支持自动发起、自动扣款，在设置好定投计划后，完全可以实现自动买入，不需要人工处理。现在很多定投型的基金组合也实现了组合发出买入信号时自动提醒的功能，总的来说是比每天关注买入时点和进行烦琐的操作要好得多。

4. 适合大部分工薪阶层投资者

定投每周或者每月扣款很适合工薪阶层每月有固定工资的投资者，每期的投入时点完美地切合了自身的资金流情况，不需要有一大笔初始积累资金，而是可以在每月发工资之后拿出一部分进行投资。另外，定投还有强制储蓄的功能，这对于工薪阶层来说还是很有必要的。

5.6 实操展示

前面的内容基本上都是讲述一些基本的投资思路和理念，相信大家现在也有一定的知识储备准备大干一场了吧，好了，从现在开始，我们一起进入低估指数定投策略的实操环节。

5.6.1 实盘操作

低估指数定投组合是我也一直在使用的投资策略之一，该策略从2018年开始执行，随后在微博基金上创建了基金组合供广大投资者跟投。下面就来和大家分析一下我的投资操作。

1. 标的的选择

上述内容介绍过有哪些指数适合用估值进行判断，哪些指数不适合。下面就直接给大家介绍干货，即如何为自己的策略选择标的指数。

（1）A股宽指：上证50、50AH、深证F120、基本面50、沪深300、中证500、中小板指、创业板指等。

（2）价值增强指数：沪深300增强、500低波、红利指数、中证红利等。

（3）行业指数：中证银行、中证消费、全指医药、证券公司、国证地产、基建工程、中证TMT等。

（4）海外指数：标普500、纳斯达克、德国D30等。

（5）其他配置型基金：债基、黄金、原油等。

2. 定投方案

暂定每周二定投进行买入，买入金额一般为固定金额，根据市场情况进行调整，至于具体根据市场情况确认上下浮动比例就是另一个问题了，大家可以选择一个标的，比如沪深300或者申万全A这种能充分反映市场整体走势的指数来进行判断，上下浮动不超过50%。

3. 根据指数估值选择判断

使用指数近10年的PE和PB值来计算历史分位值，如果成立不满10年，就使用成立以来的PE和PB值；如果成立不满5年，一般就会将这个指数剔除出去，因为成立时间太短不具有代表性。

至于判断的方法，可以将指数按照历史估值百分比，分为极度低估、低估、正常、高估、极度高估5档，分别对应的历史百分位为0～20、20～40、

40～60、60～80、80～100。极度低估我们认为是基于被买入价值的，可在当期买入，低估次之；正常区间的指数我们安心持有即可；高估和极度高估区间的指数则分批进行卖出止盈即可。

至于指数估值的数据来源的寻找，可以从网上一些付费的专业数据平台购买，或者在一些第三方平台提供的服务中查询，笔者用得比较多的如理杏仁、芝士选股等，现在有直接提供指数估值服务的免费平台，如蛋卷、且慢等，可以直接查看。当然，有技术开发实力的朋友可以选择直接对接一些平台的数据接口，从而可以随时地、定制化地获取数据。比如，笔者对接后每天都会得到如图5–10所示的图，根据这张图就可以清楚地了解目前各个指数的估值情况，并做出买入卖出的判断。

代码	名称	pe	pe历史分位	pe估值区间	pb	pb历史分位	pb估值区间	股息率
000016	上证50	13.75	99.26%	极度高估	1.49	72.29%	高估	2.65
000925	基本面50	10.46	81.62%	极度高估	1.13	24.59%	低估	3.43
399702	深证F120	23.58	91.53%	极度高估	2.94	89.02%	极度高估	1.43
000300	沪深300	15.45	93.87%	极度高估	1.68	70.31%	高估	2.21
000919	300价值	8.83	53.58%	正常	0.96	8.31%	极度低估	3.89
000015	红利指数	6.71	15.34%	极度低估	0.71	0%	极度低估	5.35
000922	中证红利	7.56	21.55%	低估	0.85	0.25%	极度低估	4.77
000905	中证500	27.79	31.17%	低估	2.02	19.94%	极度低估	1.29
399005	中小板指	33.07	65.87%	高估	4.45	75.04%	高估	0.85
399006	创业板指	57.37	69.82%	高估	7.52	88.24%	极度高估	0.42
000852	中证1000	42.12	37.22%	低估	2.7	39.81%	低估	0.84
399995	基建工程	7.23	0%	极度低估	0.81	0.67%	极度低估	2.58
399986	中证银行	6.61	60.65%	不适用	0.73	4.44%	极度低估	4.71
000932	中证消费	38.44	93.75%	极度高估	8.88	97.41%	极度高估	1.06
000991	全指医药	50.62	88.93%	极度高估	5.38	88.63%	极度高估	0.64
399975	证券公司	24.99	44.3%	不适用	2	65.49%	高估	1.04
000934	中证金融	8.99	73.19%	不适用	1.01	7.15%	极度低估	3.5
000987	全指材料	24.55	29.42%	低估	2.18	57.09%	正常	1.33
399393	国证地产	8.65	10.88%	极度低估	1.3	2.77%	极度低估	3.78
000998	中证TMT	48.29	83.05%	极度高估	4.49	88.7%	极度高估	0.66

当期日期为2020-12-14，导出时间为2020-12-15 13:57:47。欢迎大家关注公众号"Gabriel没有特殊字符"

图5–10

4. 策略历史业绩情况

这个策略是我在2018年开始进行统计的，在2020年搬到微博基金上创建了基金组合。严格来说，这个策略是一个需要长期坚持才能看到效果的策略，因为经济周期和估值的恢复需要几年的时间，因此短期情况几乎不具有参考价值，这里还是为大家展示在微博基金上的组合收益情况图（截至2020年12月20日），如图5-11所示。

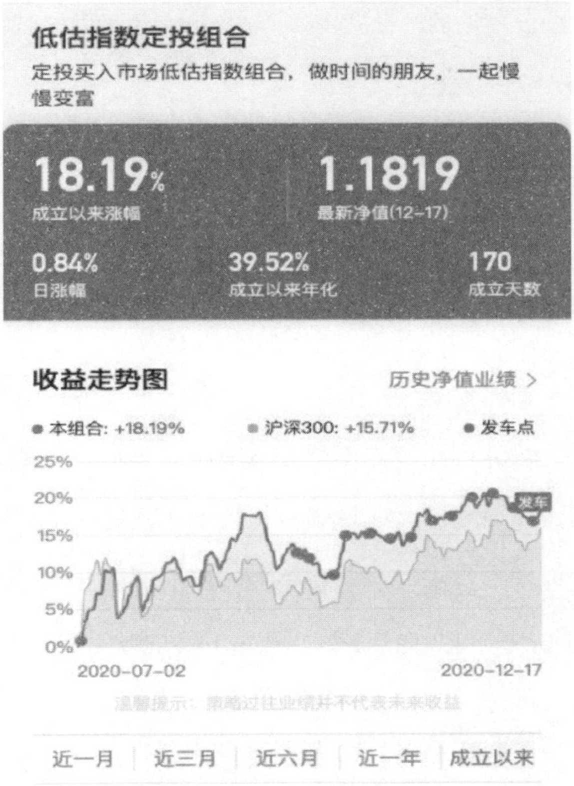

图5-11

它成立以来收益率为18.19%，年化收益率约为39.52%。个人感觉长期持有，年化收益应该能达到15%左右。

5. 实际操作如何买入卖出

我的习惯是将每期资金分为5份，分别买入宽指、行业指数和海外指数中低估的指数，每次买入标的不会超过5个，不然资金太分散了。如果当前市场普遍为高估，没有可以买入的低估指数，则可以适当降低投资金额，或者买入债基。

对于卖出而言，我一般习惯在极度高估后再分批卖出，对此大家可以自行选择止盈方法，极度高估后分批卖出是一种方式，也可以在对应指数达到你的需求收益率后开始分批卖出。

关于卖出有以下两点注意事项：

（1）不要舍不得卖。对于已经极度高估的指数，其实后续的收益风险已经降低了，继续持有其下跌的概率会高于上涨的概率，因此要坚决止盈，等待下次机会。

（2）不要卖得太快，主要是因为要考虑市场钝性，上涨或下跌都会延续一段时间，一次性过早卖出可能享受不到后续上涨的收益。这两点看起来是有冲突的，这就需要在实际投资过程中进行仔细揣摩。我建议在指数极度高估且收益率已经相对可观（如超过30%或50%）时就分批止盈，每次卖出1/5即可。

5.6.2 低估组合定投的优势和劣势

读到这里相信大家已经对低估指数定投策略的基本原理有了足够的了解，大家也可以根据自己的实际情况进行操作。那么，我们再来总结低估指数定投策略的特点，大家也可以根据我们总结的特点来看看这个策略是否适合自己。

1. 优势

（1）采用定投方式，相对来说对初始投资资金的要求不高，并且定投的强制储蓄功能和定期买入对工薪阶层很适合。

（2）长期来看，这种方式收益确定性很高。指数的估值变化是经济的正常变化所致，指数会从正常估值变成低估，然后恢复正常，继续上涨到高估，然后再跌回低估。长期来看，低估指数的估值恢复是大概率事件，因此，靠估值恢复来赚取长期收益确定性很高。

（3）安全边际高。和买入市场热点行业相比，低估指数因为本身已经在低位，下跌的空间相比在高位的热点行业要小很多，因此安全边际较高。

（4）整体投资逻辑清晰、操作简单。相比很多专业级的投资策略（如量化策略、对冲策略等），低估指数定投策略有理论支持，且整体逻辑通俗，操作简单，很适合新手投资者。

2. 劣势

（1）短期表现可能不佳，需要长期投入。在任意一个较短时间段内，市场上总会有一个或者几个指数疯涨，这是很正常的，但低估指数定投策略往往会避开这些短期热门指数，因此在短期内的表现可能不如这些指数。

（2）投资比较分散，缺乏爆发力。分散意味着风险较低，同时也意味着收益爆发力不高，这一点也很好理解，比如沪深300中每天几乎都有涨停的股票。如果你只持有一只股票，在该股票涨停当天你就会有一个远超沪深300指数的爆发性收益，同理，这只股票如果跌停，你也会承受很大的损失。低估指数定投计划就很难在几天或者短时间内实现爆发性的收益，而是需要长期持有，慢慢上涨。

因此，这个组合的适用人群很明显是什么样的人士了，主要如下：

（1）新手投资者。作为自己的第一个投资策略进行操作；

（2）渴望获得长期、稳健的收益，又不想承担过多风险的投资者；

（3）有稳定现金流、期望长期资产增值的投资者。

第 6 章

优选主动基金

上一章介绍了使用指数基金进行的低估指数定投策略，这个策略需要大家自己进行跟踪判断。那么有没有什么策略既不需要我们亲力亲为跟踪市场，还能取得战胜市场的超额收益呢？这就需要让专业投资者来帮我们进行投资，我们要做的就是选好帮我们投资的人和产品即可，这就是本章将介绍的投资策略——优选主动基金。

6.1 什么是阿尔法收益、贝塔收益

我们在投资过程中经常会听到阿尔法收益、贝塔收益、smart β、α策略等。我们在刚开始投资时也不是很清楚这些都是什么，只是感觉很神秘。但是对于基本的理论知识还是要进行学习的，下面介绍投资中的阿尔法收益、贝塔收益。

首先介绍这两个名词的出处。诺贝尔经济学奖得主威廉·夏普在1964年发表的一篇论文中将金融资产的收益拆分成两部分：和市场一起波动的部分叫作贝塔收益，不和市场一起波动的部分叫作阿尔法收益。对应体现在公式上就是，资产收益=阿尔法收益+贝塔收益+残留收益（残留收益为随机变量，平均值为0，它可以忽略）。这么讲大家肯定还是很难理解，下面分别介绍这两种收益的概念。

首先，需要定义一个市场基准，对应这个市场基准，每个金融资产都会有一个贝塔系数，表示该金融资产对比市场基准的波动程度。比如，贝塔系数为1，意味着金融资产的波动同市场基准的波动保持一致，市场基准上涨10%，则该金融资产也会上涨10%；比如贝塔系数为0.9，意味着金融资产的波动低于市场基准，市场金融上涨10%，则该金融资产上涨0.9%；贝塔系数为1.1，意味着其波动高于市场基准，市场基准上涨10%，则该金融资产上涨11%。

需要注意的是，贝塔系数反映的是金融资产相对于业绩基准的波动，是一个中性指标。为什么是中性指标呢，因为假设β为1.1，业绩基准上涨10%，该资产上涨11%，看似获得了更好的收益，但是当业绩基准下跌11%时，对应地该标的下跌11%，会跌得更多。所以β并不是越大越好。

对应的，标的随着业绩基准波动产生的收益就称为贝塔收益。比如，随着业绩基准上涨10%，标的上涨了11%，这11%就是贝塔收益。贝塔收益可以看作是一种相对被动的投资收益，也就是承担市场风险（业绩基准下跌10%，标的下跌11%）所带来的收益（业绩基准上涨10%，标的上涨11%）。这种收益一般不需要主动通过选股、择时等获得，而是随着业绩基准（如大盘）起起伏伏获得的。大部分被动型指数基金就是这种基金。

那么，什么是阿尔法收益呢？按照上面的公式我们知道，阿尔法收益=资产收益−贝塔收益。是什么意思呢？举个例子。比如某基金，跟踪的业绩基准上涨10%，其β为1.1，则贝塔收益为11%，但是该基金通过一些策略取得了20%的收益率，多出来的这9%的超额收益就是阿尔法收益。需要注意的是，这部分阿尔法收益和市场无关，是随着业绩基准上涨产生的基金收益为贝塔收益，这部分收益是基金经理通过管理、择时、择股等手段获取的超额收益，市场上绝大多数主动管控基金追求的就是阿尔法收益。

为了更好地对比和说明，来做一个比喻，比如，我们在乘火车时的速度等于火车的速度，和我们自身相对于火车的速度。我们乘坐的火车开得很快，我们在火车上行进的速度自然也会很快；当火车慢下来的时候，我们的速度也会降下来，这个就是贝塔收益。但是我们在火车向前开的同时，我们也可以自己在火车里向前跑，这也会提高我们的速度，这个就是阿尔法收益。

基金投资中，大家一般都认为阿尔法难得，贝塔比较容易得到。因为市场本身就在波动，而对于基金而言，通过调节基金持仓的比例（如股票和货币）就可以轻易地改变贝塔系数，即从基金中来看市场波动的收益。但想获得阿尔法收益，需要通过择时、择股等进行，很考验基金经理的能力。

对于我们的投资选择而言，因为贝塔本身是中性指标，所以可以根据市场行情灵活使用。比如市场在底部时，就需要选择一个贝塔较高的基金，一旦市场上涨，该基金就会相对涨得比较快，当市场在高位的时候，需要选择贝塔的基金来抗跌。所以当市场在低位，或者某标的估值在低位时，即可买入对应的指数基金，因为指数基金完全拟合指数标的，具有较高的贝塔。

获得阿尔法就比较简单，因为阿尔法反映该基金获得超额收益的能力，那么不管对于股基混合型基金，不管什么行情，尽可能选择阿尔法值较大的会好一些。

6.2 主动基金的超额收益从何而来

前面已经介绍了，主动基金的收益一般分为两个部分，一部分跟着市场上涨和下跌，这部分收益称为贝塔收益，比如持有沪深300ETF，如果沪深300指数涨了10%，你就赚了10%。这部分收益和能力无关，算是持有资产的系统性收益。

另一部分是不随着系统变化的收益，我们称为阿尔法收益，比如沪深300指数不涨不跌，但是你持有了沪深300增强基金，涨了3%，这部分收益就是不随系统收益来的收益，就是我们常说的阿尔法收益，也就是所谓的超额收益。

再对应到基金上来，指数基金大多跟着一个具体的市场指数，这个指数涨，这个基金就涨，这种被动指数基金一般赚取的都是贝塔收益，而与之对应的主动基金，自然就是靠基金经理的能力来追求超额收益了。

这里要说两件事情，第一是贝塔收益和阿尔法收益并不冲突，比如优秀的主动基金在市场行情上涨的时候大概率也会上涨，并且同时会有超额收益，这时相当于赚了阿尔法+贝塔两种收益。第二是这两个收益也没有优劣之分。这句话有两层意思，第一层意思是不管是贝塔还是阿尔法，赚取的收益都对应着相应的风险，这一点相同。第二层意思是不是说超额收益就一定比市场的贝塔收益赚得多，主动基金可能跑赢指数，但是也可能跑输，尤其是牛市的时候。因此并没有优劣之分。

那么投资者的投资应该怎么追求收益呢？大部人追求的都是在享受到贝塔收益的基础上也能有超额收益。因为贝塔收益多少并不是由我们决定的，市场涨不涨、涨多少、什么时候涨我们并不知道，但是只要我们在场，贝塔收益（当然也可能是亏损）就一定能享受到。那么超额收益我们应该如何追求呢？主动基金又是如何获取超额收益的呢？

当然，这里应先抛出两个基本原则：一是收益与风险同源，想要赚取更多的超额收益肯定要承担更多的风险。二是偏离度越高，超额收益的可能就越高。对于这一点也好理解，买一只股票可能用一个月翻倍，买下沪深300的全部股票，大概率也会复制沪深300的走势。但是请记住一点，偏离度越高，是超额收益的可能越高，而不是超额收益越好；偏离度越高，承担的风险自然也就是越大的。

那么，下面介绍超额收益从哪里来的知识。一般而言，超额收益是从以下几个方面操作中来的，当然也有递进的层次关系。

第一层，行业内优选个股。比如，在同一个行业内，你能选出A公司比其他公司好，这时买入A公司股票，大概率就会获得超过该行业整体收益的超额收益。对应到基金，我们经常听到基金公司的行业研究员就是做这个工作的，研究某个行业内不同公司的好坏来做出选择，从而获得行业内选股的超额收益。

第二层，行业轮动。你要问上述的行业研究员这个行业A公司好还是B公司好，他会很明确地告诉你，但是你要问他，这个行业什么时候涨？他就不一定知道了。行业之间的走势和轮动就比上一层的优选个股高一个层次，这需要考虑行业的整个供应链、上下游传导等，比如汽车行业就要考虑如人口、历史汽车销量、折旧周期、油价，甚至高速公路、高铁等的开设和维修，环保政策等。如果预测出后市汽车行业销量要上涨，那么肯定要先买汽车零部件供应商的股票，其次才是汽车厂商，最后才会轮到如油企、高速等。这个行业轮动一般由基金经理来做。这部分做得好了超额收益会高，相当于每次都享受到了当前涨得最好的行业。

第三层，仓位控制。比如，市场处于高点就减仓，低点就加仓，这是最简单的仓位控制。懂行的人一般都是做大类资产配置，比如资金在A股、美股、债券、黄金，甚至不用币种之间的转换，这就是所谓的永不空仓。这需要对整体宏观经济情况和不同的资产都有掌握，如果只是仓位高点的控制，一般由基金经理来做。但是涉及全球资产配置，就不是一个基金经理能做到的了，一般是整个基金公司的投研团队一起分析。

行业内选股就是我们常说的选股，仓位控制就是我们常说的择时，而第二层行业轮动既包含选股也包含择时。优秀的主动基金会依靠基金经理和基金公司强大的实力和投研能力，从而获得战胜市场的超额收益，这就是我们要投资主动基金的原因。

6.3　为什么在互联网平台上买基金收益不高

主动基金既然有超额收益，那么应该怎么选呢？买入互联网平台上推荐的基金是不是就能赚钱呢？大家有没有一个感觉，在各大互联网平台上挑选基金的时候，总是感觉这些基金怎么都这么赚钱。动不动说什么三年+150%或者一个月+30%，并且满屏幕都是这么赚钱的基金，难道不是闭着眼睛跟着买就能赚钱吗？结果是实际上自己跟着买的时候，却得不到这么高的收益，甚至会亏钱，这是为什么呢？

其实问题出在这些互联网平台的产品推荐机制上。大部分互联网平台在展示基金产品时，会着重展示产品的收益率，毕竟这是用户最关心的指标，而为了吸引用户、促进购买，平台会在首页或者推荐位优先放置一段时间内收益非常好的基金进行展示。这一点也很好理解，你打开一个网站，上面推荐的基金近一年+30%，另一个网站推的基金近一年-30%，你会对哪只基金更感兴趣？

但是，近期涨得好的基金在买入后还能保持高速增长吗？未必，甚至很难。因为近期涨得好的基金一般都在热点行业或者热点领域，而热点的热度不可能一直保持下去，当热点冷却的时候，就是泡沫退去的时候，下跌在所难免，更不要说继续上涨了。

另外，从估值角度来看，近期涨得好的基金在估算上已经走向高估，而估值长期来看会趋同于实际价值，也就意味着高估的一定会跌至正常甚至变为低估，那么在已经涨起来，涨到高估的时候再买入，怎么可能大概率赚钱呢？

既然是这样，为什么这些互联网平台还要背负着可能让用户亏钱的压力来推荐这些已经涨起来的基金呢？根本问题还是在于互联网基金销售机构的盈利模式。我们都知道互联网基金销售平台大多都是提供基金代销服务，即代理公司的基金进行销售，而这些平台的收入由两部分组成，一是销量佣金，二是存量佣金。也就是说，用户在这个平台上交易得越多，平台越赚钱；用户在这个平台上持有得越多，平台越赚钱。看到了吗？这些平台的目的是让用户多交易、多持有，而不是让用户多赚钱。这一点就造成了推荐机制和用户实际需求的不匹配，也就解释了本节主题所说的，为什么在互联网平台上买基金不容易赚钱了。

当然，现在很多平台已经在慢慢改善，比如开始慢慢由单一的热点基金推荐，到投顾服务、资讯、用户教育等，这对大多数投资者都是很有用的服务。然而最重要的还是投资者本身，投资者能不能有意识地自己去学习一些基础的投资知识，能不能有自己的选择指标和逻辑，还只是人云亦云，或者看哪个涨得好就买，追涨杀跌。还是那句话，平台只是工具，最终实际的交易要靠每个投资者自己完成，所以多学、多看，对自己的钱负责，总是没错的。

6.4 手把手教你优选主动基金

既然仅靠互联网平台的推荐来选择主动基金的胜率并不高，那么到底应该如何选择主动基金呢？随便打开一个基金销售的网站，其中的基金种类繁多、数据格式各异，我们需要聚焦在哪些维度才能更好地完成主动基金的筛选工作呢？下面就一步一步揭秘如何选择优秀主动基金。

6.4.1 准备工作

投资不是儿戏，为了能获得更好的回报，规避投资风险，在我们把钱投进去之前，还是要做起码的准备工作。投资主动基金也不例外。

要选出值得投资的主动基金，需要有如下的基本准备工作。

（1）学习基本的基金投资知识。

（2）寻找一个基金信息查询平台。

（3）规划大致的投资方向。

下面详细介绍以上几点。

1. 学习基本的基金投资知识

请先问问自己以下几个问题：

（1）货基、债基、混合型基金、股票型基金是什么？有什么区别？对应的收益和风险如何？

（2）在哪里买基金？怎样买基金？

（3）假如我现在买入后什么时候可以看到收益？什么时候可以卖出？卖出什么时候钱会到账？

（4）买入之后打算持有多久？自己的期望收益是多少？能接受的亏损是多少？和买入的基金收益风险匹配吗？

（5）净值是什么？现金分红和红利再投资有什么区别？要怎么选？

如果上面的问题都能回答，说明基本的基金投资知识是有了，如果不能回答，说明基本的知识还欠缺，先看看第4章关于基金的知识内容介绍，做好知识储备再回来看本章节的内容。

2. 寻找基金信息查询平台

要从众多基金中选择优质的主动基金，或者判断一只基金是否适合投资，只靠看基金名称和代码是不行的，我们需要很多的信息和数据支撑，所以找到一个大而全的基金信息查询平台就很关键。

现在基本上所有的基金销售平台都可以查询到我们想要的信息，但既然是为了获得更好的投资收益，那么选择一个信息全面、准确的平台是必需的举措。下面推荐几个经常会用到的基金信息查询平台。

（1）天天基金网，如图6-1所示。

图6-1

（2）新浪财经，如图6-2所示。

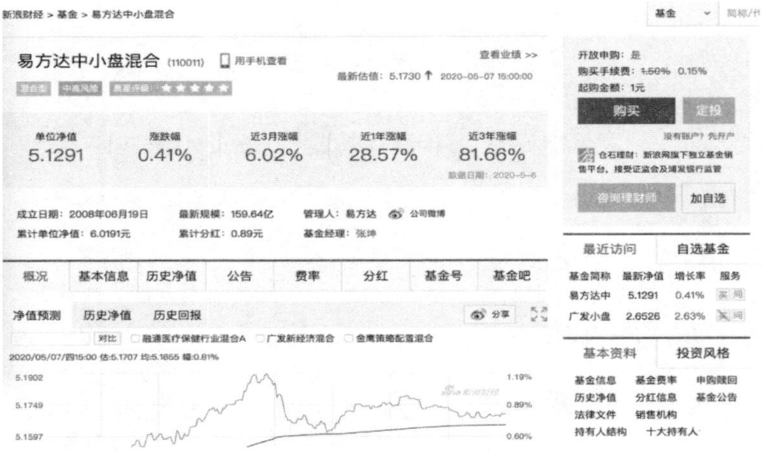

图6-2

很多人都会选择在手机上进行信息查阅和购买操，诚然现在也有很多基金销售的App做得很好，比如支付宝、蛋卷等，这些平台都可以满足信息查询的需要，大家选择适合自己的即可。

3. 规划大致的投资方向

虽然最终选择哪一只主动基金是我们要一步一步逐渐确认的，但在选出最终的那只或几只基金前，我们还需要一个大致的投资方向。很多投资小白可能觉得没什么投资方向，别急，可以按照下面的步骤去思考。

（1）别人是否给我推荐过几只基金？我是否从其他渠道了解到几只不错的基金？如果是，那么这几只基金的方向就是我的备选方向。 我是否有看好的行业或者指数？如果有，那么看好的行业或指数就是我的备选方向。

（2）我是否有熟悉的或者看好的投资策略或者投资方法？如果有，那么所对应的基金就是我的备选方向。

（3）我是否有认可的基金经理？如果有，那么其发行的基金就是我的备选基金。

有一个大致的投资方向，会让我们缩小选择范围，这样会更有利于选择适合我们的优质的主动型基金。

6.4.2　历史业绩

在完成准备工作后，即可开始正式挑选基金。相信大家现在应该都已经有了一些备选基金或者投资方向的思路了，那么，如何从备用基金中挑选出优质的基金呢？首先要看的就是历史业绩。

选择基金最重要的还是能赚钱。而判断一只基金能不能赚钱最直接的方法就是看这只基金的历史业绩。一只基金的历史业绩好，说明这只基金在过去表现好，而“优等生”在未来继续表现优异的概率是很高的。因此选择主动基金首先要看的是历史业绩。

那么，如何看一只基金的历史业绩呢？打开之前的基金销售平台，选择自己熟悉的即可，但给出的信息要尽可能完整。本书此处统一用天天基金网的案例做示范。下面以易方达中小盘混合（110011）为例，介绍怎么看一只基金的历史业绩。打开天天基金网，搜索易方达中小盘混合，点击进入详情页面，如图6-3所示。

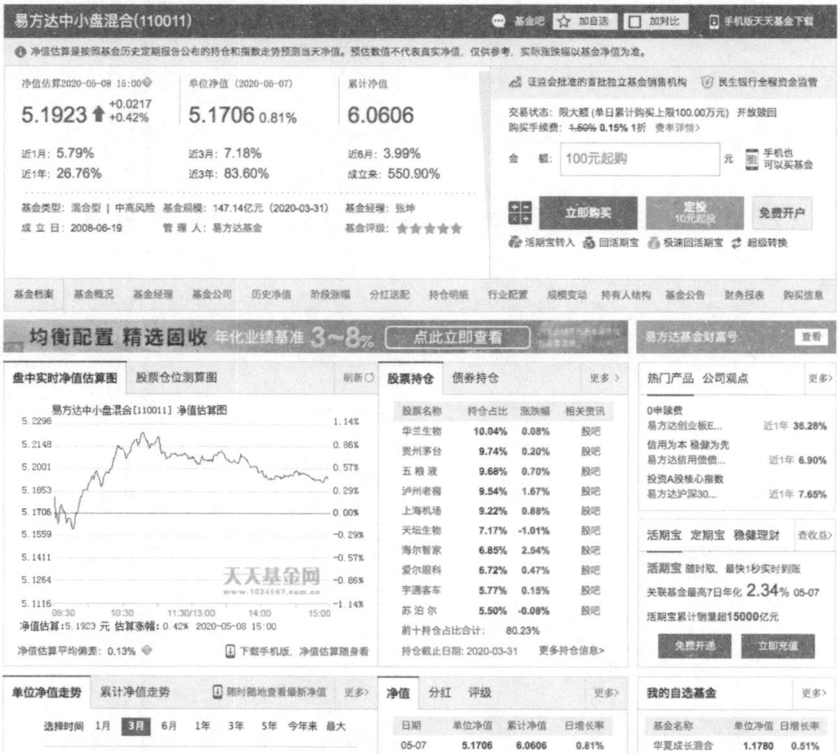

图6-3

关于历史业绩，需要关注以下几点：

1. 不同时间段的收益率

例如近1月、近3月、近6月、近1年、近3年或者成立以来等，如图6-4所示。

图6-4

不同区间的收益率可以很直观地反映出这只基金的历史业绩情况。像这只基金，我们可以看到不管是短期（近1月），还是近1年、近3年收益情况都很好，成立以来更是取得了近5倍的涨幅。

对于具体如何对比和选择的问题，自然是选择在不同时间段收益表现都更加优异的基金。如果两只对比基金的不同区间各有胜负，那么此时首先对比长周期的历史业绩。因为周期越长越能客观反映基金的真实盈利水平。

2. 与同类基金及业绩基准进行对比

除了静态地看收益率外，还需要看该基金与同类及业绩准则的对比情况。大幅跑赢同类基金和业绩基准，说明该基金更加优秀，有着更高的超额收益，如图6–5所示。

	近1周	近1月	近3月	近6月	今年来	近1年	近2年	近3年
阶段涨幅	1.22%	5.79%	7.18%	3.99%	4.23%	26.76%	42.46%	83.60%
同类平均	0.97%	3.98%	3.60%	10.35%	6.57%	25.85%	23.15%	33.97%
沪深300	1.30%	4.85%	1.63%	-0.24%	-3.25%	8.08%	2.19%	18.01%
同类排名	1300 | 3306	925 | 3312	601 | 3262	2407 | 3134	1751 | 3208	1152 | 2930	293 | 2565	92 | 2073
四分位排名	良好	良好	优秀	不佳	一般	良好	优秀	优秀

图6–5

很多平台提供了四分位排名数据，可以直观地看到不同时间段内该基金在同类基金中的排期情况，自然是要选择排名情况一直较好的基金。

如果看收益表格觉得不够直接，我们也可以看收益率走势图、对比图，如图6–6所示。

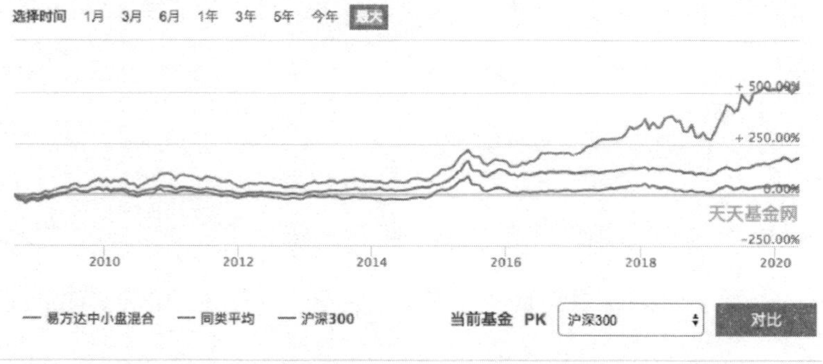

图6-6

收益走势图可以更直观地展示出该基金和同类基金、业绩基准的对比情况。另外通过走势图，我们可以了解该基金在什么情况下表现更好，比如是在牛市时候表现更好？熊市时候跌得少？从而了解该基金所适合的风格，更好地帮助我们选择。

3. 单位净值走势和累计净值走势

我们有时会看到单位净值走势图和累计净值走势图。单位净值和累计净值有什么区别呢？区别在于分红。单位净值不包含分红，而累计净值包含分红。因为单位净值不包含分红，所以要比累计净值低一些。

在查看比较基金的历史业绩时，要优先选择累计净值，因为包含分红的累计净值能更好地反映基金的收益情况，这点请大家牢记。

历史业绩的注意事项如下：

（1）我们需要选择在不同时间段收益均表现较好的基金。

（2）我们需要选择能战胜同类基金和业绩基准的基金。

（3）比较历史业绩时要使用累计净值。

（4）注意看成立期限。

6.4.3　基金经理

基金经理算是选择主动基金最重要的核心因素，甚至可以将选主动基金看成是选人，因此需要收集大量的基金经理的情况信息。一般来说，每个基金公司都会推荐几个明星基金经理，但是其所推荐的基金经理不一定是真的实力过硬，大家还是要能自己分辨。

几个需要重点关注的指标如下：

（1）查看管理基金的历史业绩，具体的对比指标见之前的章节。

（2）要了解基金经理之前的研究领域和方向，比如，很多医药出身的基金经理去做医药是完全可以的，但如果他去年发一个医药行业的主动基金，今年又发一个汽车行业的主动基金，就需要对他本人的专业程度进行质疑了。

（3）要了解基金经理的投资思路和风格，这个在业绩上可能不太能看出来，需要多去看看基金经理的一些采访和言论，看看和自己的投资理念是否契合。基本上通过上述几个步骤就能找出哪些基金经理是优秀合格的人选。

6.4.4　投资思路

每只基金都有自己的投资思路和业绩基准，这个思路和业绩基准一定要和个人的投资需求相契合。比如你自己看好消费行业，这时就算一个基金经理管理的医药行业基金表现再好，都不应该去投。关于基金的投资思路和业绩基准，从具体的基金的名字上就能看出来，如中欧医疗健康混合这种基金一看就是投医药行业的。有一些不太能看出来的，就需要大家看基金的年报，从中找寻答案。记住，最好能选择和自己的投资需求与投资理念相契合的基金。

6.4.5　基金规模/持有人结构

本节内容主要是用来“排坑”的，基金规模不一定是越大越好，但是过小的基金规模的基金一定不行。一方面基金规模过小说明该基金的市场认可度不高，另一方面也可能会有清盘的风险。至于什么算小规模，不同类型的基金不太一样，建议和同类基金做对比，如果基金规模没过亿，就不建议大家投了。

持有人结构是指所选基金目前都被哪些人持有，一般分为3类：一是个人持有者（普通个人投资者），二是机构持有者，顾名思义就是公司或者机构，比如一些资产管理公司、养老金计划、私募信托或者其他专业的投资机构。我们一般认为机构投资者是比普通个人投资者更加专业，所以如果机构持有者占比较高，则说明专业的机构看好这只基金，这是个加分项。三是内部持有者，很多基金经理和基金公司为了表示对自己产品有信心，会动用自有资金来持有对应的基金，一般来说，这也是一个加分项，毕竟基金经理和基金公司的钱都在里面，不能随便做。

6.4.6　实际操作

实际操作中怎样来具体操作呢？下面分享几种经过归纳总结的方式、方法和经验。

1. 优选主动基金的思路

主动基金也是笔者投资中很重要的一部分。笔者自己对于优选主动基金的定位是通过基金经理的专业知识来进行选股、择时，从而在不占用自身太多精力的情况下追求超额收益。在这个前提下，笔者认为比较适合投资的主动基金应该是：

（1）有出色选股择时能力的、投资于全市场的主动基金。

（2）自己比较看好的行业对应的主动基金。

具备前者的基金能使购买者在不同市场行情中选择出最优的行业和标的进行投资，部分出色的基金经理如果能敏锐地捕捉到市场行情，会产生非常可观的超额收益。

另外，基金经理也会根据市场情况进行风险控制，比如，在市场逐渐疯狂的情况下大多数投资者都会追高买入，而优秀的基金经理则会降低权益类的投资占比，这样在市场大幅下跌中也能有比较好的回撤控制。

具备后者则可以通过基金经理自身知识进行行业判断来完成标的的选择，在行业内优选股也是一个获得超额收益很好的方式。比如，投资茅台和投资白酒行业从历史数量来看前者肯定是胜出。但不是每个行业都有茅台这样显而易见的行业老大，甚至很多行业的企业对广大投资者来说连它专注做什么都不知道，比如医药行业就分为创新药、仿制药、医疗器械、疫苗、检测试剂、医疗服务等的企业，而如新能源、半导体、科技这些行业离我们广大投资者就更远了。所以，对于这些行业一方面可以去投资对应的指数，另一方面则可以去投资对应的主动基金。

2. 业绩展示

关于投资千万不要照搬他人知识、经验，因为别人建议你选择的标的当下可能是值得投资的，但是过3～5年就不一定了，掌握分析和选择的方法才是核心。

下面介绍一些业界比较有名的主动基金，如图6-7所示。

证券代码	证券简称	二级分类	基金经理	任职年	累计回报%	年化收益率%	二级同类排名TOP%
163406.OF	兴全合润分级	偏股混合型	谢治宇	6.58	315.81	24.19	0.51
519697.OF	交银优势行业	灵活配置型	何帅	4.14	108.87	19.49	0.58
260108.OF	景顺长城新兴成长	偏股混合型	刘彦春	4.39	90.54	15.83	0.66
000083.OF	汇添富消费行业	偏股混合型	胡昕炜	3.39	99.82	22.68	1.01
110011.OF	易方达中小盘	偏股混合型	张坤	6.92	318.06	22.98	1.04
000251.OF	工银瑞信金融地产	偏股混合型	鄢耀	6.01	243.78	22.83	1.20
002450.OF	平安睿享文娱A	灵活配置型	黄维	3.01	62.01	17.40	1.38
001938.OF	中欧时代先锋A	普通股票型	周应波	3.82	116.31	22.41	1.44
001281.OF	长安鑫利优选A	灵活配置型	林忠晶	4.28	68.25	12.93	1.64
000628.OF	大成高新技术产业	普通股票型	刘旭	4.08	78.85	15.31	1.65
001714.OF	工银瑞信文体产业	普通股票型	袁芳	3.66	78.89	17.22	2.01
519002.OF	华安安信消费服务	偏股混合型	饶晓鹏	3.97	104.64	19.75	2.11
000136.OF	民生加银策略精选	灵活配置型	孙伟	5.14	212.46	24.80	2.12
260116.OF	景顺长城核心竞争力	偏股混合型	余广	7.69	267.49	18.44	2.31
169101.OF	东方红睿丰	灵活配置型	林鹏	4.92	187.01	23.88	2.40
519736.OF	交银新成长	偏股混合型	王崇	4.85	170.34	22.76	2.49
001222.OF	鹏华外延成长	灵活配置型	陈璇淼	3.41	65.33	15.87	2.54
519068.OF	汇添富成长焦点	偏股混合型	雷鸣	5.42	201.30	22.56	2.81
001182.OF	易方达安心回馈	偏债混合型	张清华	4.25	58.10	11.38	2.86
166002.OF	中欧新蓝筹A	灵活配置型	周蔚文	8.27	205.80	14.47	2.99

图6-7

这些基金基本是业内比较有名的基金，如果读者刚开始接触，可以从这里选择。我在微博基金上建立了优选主动基金组合，目前成立以来的年化收益率达到44%，这当然和市场行情上涨有关，后续希望年化收益率能保持在20%左右，如图6-8所示。

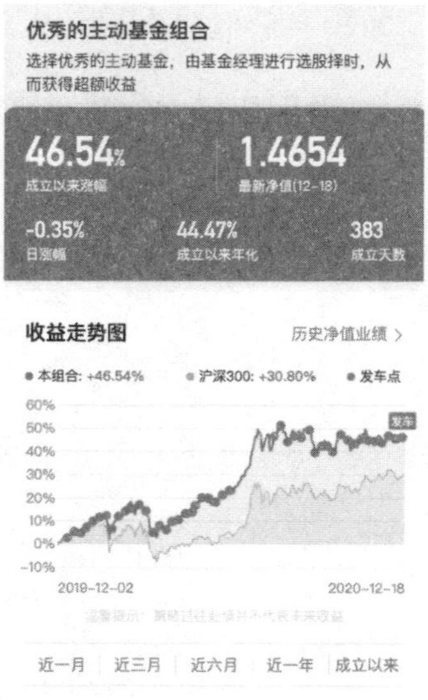

图6-8

3. 基金组合

请记住，收益永远都是和风险成正比的。主动基金一定程度可能会带来更高的超额收益，但也会有更高的风险。所以强烈建议大家不要仅仅只选择一个主动基金，最好创建一个主动基金的组合。

和其他的基金组合差不多，建议选2～3只全行业的主动基金，然后再选2～3只个人看好的行业主动基金，这样做基本上就可以了。然后对行业基金可以根据自己的判断进行额度控制，具体的方法也可以根据行业指数估值情况来判断。风险承受能力比较低者还可以同时买入1～2只债基来分散风险。这样就可以完成组合的搭建。

对于新手来说，还是采用定投的方式来平摊成本。对于卖出时点，还是参考上面介绍的，可以在达到自己的目标收益率后就分批止盈，也可以在对应指数极度高估后分批止盈。

6.5 优选主动基金策略的优缺点

优选主动基金策略的优缺点如下：

1. 优点

（1）在选择的基金表现好的时候，会有明显的、大幅超越市场的收益，相比于低估指数定投计划或者其他计划，这个策略的收益爆发性是比较好的。

（2）可以避免对市场走势、行业走势、企业选择的错误判断，因为基金经理会用其专业的知识来帮我们进行择时、选股，投资者需要做的就是长期买入，适当止盈。

（3）相比于直接投资股票，其风险相对较低。投资股票完全是个人进行选股和择时，相较于专业基金经理的判断，优选主动基金的风险要比直接投资股票低一些。

2. 缺点

（1）优选基金的选择并不容易。目前市场的基金数量已达到近7 000只，在其中选出优秀的主动基金其实并不容易，这一点比较考验投资者的能力。

（2）具有短期风险。虽然相较于股票而言，主动基金的风险要低一些，但因为主动基金大多数是权益类投资，整体的风险还是比较高的，笔者感觉一年可能会面临20%～30%的亏损，所以投资者需要考虑清楚能否接受。

（3）这个策略的主观色彩比较重，和其他策略比起来，它需要投资者去选择自己认为优秀的主动基金，而什么算是优秀的定义本身就是主观的，因此可能会出现反复的调仓或者进行很轻率的选择。

总的来说，优选主动基金策略比较适合追求超额收益、风险承受能力较高的投资者，所以投资者要考虑清楚自己的情况是否适合使用这个策略。

第 7 章

可转债打新

之前有投资者问我，基金定投获得收益太慢，选择股票风险又太高，有什么适合小资金投资且比较稳定、收益比较高的投资方式呢？通常都比较难找，但是可转债打新就是能满足这几点要求的一个策略。

7.1 什么是可转债

很多人应该听说过股票打新，但可转债打新可能就相对陌生。那么，在正式介绍可转债打新策略之前，先介绍这个策略的核心产品——可转债。

7.1.1 初识可转债

可转债是上市公司为募资发行的一种特殊的债券。最大的特点是“可转”，即债权人可以按照约定的价格把债券转成股票，如果不愿意转成股票，则继续持有，到期收到偿还的本金和利息，并且可以在市场上出售。

简单讲解一下，对于公司来说，募集资金的方法一般有两种，一是借钱形成负债，二是发行股票形成权益。前者需要定期支付利息，到期偿还本金；后者需要将公司利润进行分红，一旦公司破产也需要进行资产清算。前者除了像银行借款外，也会发债向公众募集资金，也就是我们常说的企业债；后者更常见，一般上市公司的IPO就是发行股票来募集资金，包括上市后的定向增发等。

一般来说，公司发行的债券和股票没什么关系，并且两者的特点也不一样，债券对于投资者来说会获得稳定的利息和到期兑付的本金（公司正常经营的情况下），相对来说风险不高；而股票则会收到分红，以及股价变动带来的收益（或损失），风险相对较大。如果一家公司的利润情况一般，并且股价持续下行，那么持有债券肯定是更好的选择。反之，如果企业利润快速增长，股价持续上升，那么持有股票会比持有固定利率的债券产生更高的收益。

为了吸引投资者来购买企业发行的债券，这些企业就给了投资者一项权力，即可以使用特定价格将持有的债券转成股票，当然也可以不转，这就是可转债。从理论上来说，可转债因为兼具债券的稳健性和股票的成长性，是一个非常不错的投资产品。这么说可能有点儿抽象，举个例子。假设A公司目前股价为100，发行可转债，约定可以按照100元/股将债券换成股票。我买了该公司1 000元的可转债，这个时候我有三个选择，一是把债券换成股票；二是把债券卖给其他人，三是继续持有。

对于第一种选择，假设这时A公司股价涨到200元，如果我把债券换成股票只需按照预定的100元/股进行兑换，我可以换10股股票，然后把股票以200元卖出去，净赚1 000元。

对于第二种选择，现在股价已经涨到200元，因为这个可转债也可以交易，所以可能会有人出20元来买我的债券，如果有人觉得后面股价还会涨，那么可能会出更高的价格来买我的债券，这时我把债券卖出也就赚到钱了。

对于第三种选择，假设企业债上市后，A股公司股价大幅下跌到10元，这时可转债按照100元/股的价格转成股票就亏钱了，在市场上也不会用高价来买这个债。那么，我可以选择继续持有到债券到期，一般需要1年或者3年，等待股价涨上来再卖。如果股价一直不涨，则持有到债券到期，我会收到本金和利息。

7.1.2　可转债的特点

下面主要从七个方面介绍可转债的特点。

1. 发行条件

（1）一只可转债的发行条件是：最近3年连续盈利，且最近3年的净资产收益率平均在10%以上；能源、原材料、基础设施类的公司可以忽略，但是不得低于7%。

（2）可转债发行后，公司资产负债率不得超过70%。

（3）累计债券余额不得超过公司净资产额的40%。

这些条件确保了对于发行可转债的公司的选择是在上市公司中优中选优，至今可转债的交易中没有发生违约的现象，也和这些条件的限制有一定的关系。

2. 与正股强关联

因为可转债在上市6个月后进入转股期，转股价折价就有了获利机会。所以正股上涨会带动可转债一起上涨，及时转股溢价，这种趋势也是存在的，当然短期内不好说，对于中长期，正股与转债的走势必然是强相关的。

3. 每年利息

以奥佳转债为例，第一年到第六年的利率分别为：0.4%、0.6%、1.0%、1.5%、1.8%、2.0%。

4. 到期变现

以刚上市的天目转债为例，6年后到期，除了利息之外，不是还100元，而是还117元，远远高于普通债券的100元。因此，发行公司也会想尽办法让可转换债券持有者转股。

5. 回售保护

以天目转债为例，在本次发行的可转换公司债券最后两个计息年度，如果公司股票在任意连续30个交易日的收盘价格低于当期转股价格的7%，可转换公司债券持有人有权将其持有的可转换公司债券全部或部分按面值加上当期应计利息的价格回售给公司。在最后两个计息年度，可转换公司债券持有人在每年回售条件首次满足后可按上述约定条件行使回售权一次，若在首次满足回售条件而可转换公司债券持有人未在公司届时公告的回售申报期内申报并实施回售的，该计息年度不应再行使回售权，可转换公司债券持有人不能多次行使部分回售权。

补充一句：股票跌多了，可以按照可转债面值加利息回售。

回售是投资者的权力，可以行使，也可以在不利的情况下不行使。

6. 下调转股价

还是以天目转债为例，在本次发行的可转换公司债券有续期间，当公司股票在任意连续30个交易日中至少有15个交易日的收盘价低于当期转股价格的85%时，公司董事会有权提出转股价格向下修正方案并提交公司股东大会进行表决。上述方案须达到出席会议的股东所持表决票数的2/3以上方可实施。股东大会进行表决时，持有本次发行的可转换公司债券的股东应当回避。修正后的转股价格应不低于本次股东大会召开日前20个交易日公司股票交易均价和前1个交易日均价之中的较高者。下调转股价相当于买了股票如果价格跌了可以反悔，而且可多次反悔，但这是公司的权力。有人担心公司不行使这个权力，但实际上公司为了逼迫大家转股而不还钱，大概率是会行使这项权力的。

7. 强行赎回

以天目转债为例，在本次发行的可转换公司债券转股期内，当以下两种情形的任意一种出现时，公司董事会有权决定按照债券面值加当期应计利息的价格赎回全部或部分未转股的可转换公司债券。

（1）在本次发行的可转换公司债券转股期内，如果公司A股股票在连续

30个交易日中至少有15个交易日的收盘价格高于当期转股价格的130%(含130%)。

（2）当本次发行的可转换公司债券未转股余额不足3 000万元时。

强赎是公司的权力，可以行使也可以不行使。每次都会有人忘记这点而被强赎，导致亏损。

大家看到这里可能会感觉有点儿迷糊，没关系，可转债本身就属于一个相对小众的投资品类，规则也比较复杂，要通过一个章节的篇幅内容完全讲清楚还是比较难的，所以大家感兴趣的话可以自己去多了解一下可转债的具体规则和交易细节。下一节抛砖引玉，介绍一个无门槛、高收益的可转债策略——可转债打新。

7.2 可转债打新策略

还记得本章最开始时提到的这个策略的特点吗？稳定的高收益率、较低的风险，单单这两点就足以吸引很多投资者了，但这个策略自然也有其局限性，不适合大资金投入。对于大部分初入门的投资者来说，用这个策略每年稳稳地赚个换手机的钱，也是很不错的。

7.2.1 可转债打新的基本介绍

可转债和股票一样，也是在交易所进行发售和交易的，可以在各个券商网站上像买卖股票一样交易可转债，也可以像打新股一样进行可转债的打新。

2020年，可转债开始被广大投资者熟知，可转债市场异常火爆，各大企业纷纷发售可转债，市场进入井喷期，因此可转债打新也成为一个非常不错的机会。据统计，目前约有800万人进行可转债打新操作，虽然相比于之前的年份情况人数有所上升，但和股票打新比起来，中签概率还是非常高的，这也为可转债打新策略的实施提供了可能性。

可转债打新和股票打新一样，在A股市场有一个红利期，即新股和新债都会上涨一段时间，这就是可转债打新的根本收益来源。究其原因，一方面是因为新债上市会有一定的市场关注度从而导致溢价；另一方面则是由于企业为了更好地推销自己的可转债（本质还是要募集钱），会将可转债的转股价格设置在一个比较低的位置，举一个极端的例子，比如公司股价是100元/股，而企业将可转债的转股价设置为90元/股，那么只要是买到该可转债的投资者立即就可以以90元的价格将可转债转成股票，再用100元/股的价格卖出，净赚其中的差价，这样的可转债毫无疑问是会受到市场抢购的，企业就能更好地完成通过可转债募集资金的目标（以上的例子只是为了解释原理，实际上很少会有企业能这么直接地“送钱”），正是这个特点使得可转债打新的收益比较确定。

7.2.2　可转债打新实操

大家懂得了基本原理后，笔者带领大家一起进行实际操作，帮助大家学以致用。

1. 开通股票账户

在进行可转债打新前，至少要开通一个股票账户，因为可转债的打新和交易是通过股票账户进行的，对此大家自行选择合适的券商进行开通即可，如图7–1所示。

图7-1

2. 每天关注当天是否有新债发售

对此目前各大券商都会有提示，可以根据券商的提示操作，或者也可以关注一些可转债的信息发布网站，比如笔者常用的集思录，如图7-2所示，其中就有投资日历来标注哪天有哪些可转债上市。

3. 在交易时间中进行打新申购

交易时间和股票是一样的，在交易日的9：00至15:00，如果过了这个时间段没有发起申购，那么就错过了。

图7-2

4. 顶格申购

这里强调一下，其实我们可以根据可转债的品质来决定申购的数量，但事实上分析可转债的品质对普通投资者而言比较难。此外，一个可转债账户最多也就中1～2手，也就是1 000～2 000元，从概率角度来看不太需要对可转债的质量进行区分，对新手来说全部顶格申购即可。可能有券商会提示，比如顶格申购，如果全部中签需要缴纳巨额的金额，对此大家不用担心，因为大部分情况下我们能中1手就已经谢天谢地了。

5. 关注中签情况

一般申购后第二个工作日进行配号，第三个工作日告知大家中签结果。如果没有中签就再接再厉，如果中签了则需要缴纳对应的金额，中1手需要缴纳1 000元，2手是2 000元，股票账户中存入对应金额即可。需要注意的是，如果3个月内中签但不缴纳金额的次数超过三次，那么就会对账户进行限制，所以中签了还是要及时缴纳金额。

6. 上市卖出

一般从缴纳金额到最后可转债上市有10～30天的时间，耐心等待即可。等到上市时，全额卖出即可。一般情况下有10%～30%的收益率，这个收益率算为年化就非常高了。此处还有一个小细节，如果可转债当天涨幅达到30%，则会自动停盘，对此大家也不用担心，第二天继续卖出即可。

笔者总结了大家经常会问到的几个问题，内容如下:

（1）可转债打新赚取怎么赚

可转债可以申购时，应进行满额申购。如果中签，则缴纳对应款型的金额（一般都是中一签交1 000元）。等到可转债上市（一般为中签10～20天后），因可转债特殊属性一般会上涨，假设上涨至110元，则卖出所得为（110−100）×10 = 100（元）。

（2）打新申购的注意事项

打新申购的注意事项有两点：一个是中签概率，这个和可转债的规模有关系，如果发现可转债规模较大，则概率较高，另外可以多开几个账户一起打新。笔者感觉概率很高。笔者操作基本每三次就会中一次。另一个就是直接满额申购即可，一般满额申购就中一签，而不要问如果满额申购都中签了怎么办这种问题。

（3）有风险吗

明确地告诉大家，有。如果只是打新，在发行上市期间股价下跌很厉害，那么可转债上市那天可能会破发，即价格跌破100元。但是有以下两点可能。

- 因为可转债特殊的性质，破发的概率并不高，2019年全年破发率为

27%。并且破发的多是小企业、小公司，股价不稳定或者公司信誉不好。

- 如果真的遇到破发了，建议大家直接接受。我们不要求每次都能赢，只要赢的概率和收益优于输的即可。如果实在不想割舍，也可以在手里拿着等股价回升，或者拿到最后将债券兑现，这样肯定不会亏钱了。

（4）可转债在哪打新

你自己使用的券商App在打新板块一般都会有股票打新、债券打新，名称各不一样，有的称作新债申购、可转债打新等。

（5）中签之后什么时候卖

一般中签之后20天左右可转债就会上市，中签之后关注一下相关通知即可，然后在上市之后开盘时立即卖出。

7.2.3　收　　益

上面提到，可转债中1手基本上能稳定获得200～300元的收益，那么为了多赚钱其可以用多个账号同时打新，可以发动自己的家人一起操作，多一个账号概率就会高一点。

笔者在2020年和家人用6个账号一起做可转债打新，投入本金3万余元。截至2020年12月20日，累计中签52个，打新首日破发造成亏损的只有1只，已实现收益13 178元，折合的年化收益率达到78.11%。在几乎无风险的情况下，相当于赚了两部手机的钱，还是不错的。

7.2.4 总　　结

可转债打新算是很便于新手操作的方式，下面总结一下其优缺点。

1. 优点

（1）风险超低：可转债打新亏损的情况很少，在2020年全年发行的可转债中破发的也就两只，所以这个策略几乎是一个无风险的策略。

（2）具有超高的收益率：虽然其绝对收益可能不高，但从收益率来看相当可观，一年达到20%～30%几乎没有任何压力。

（3）需要的资金少：这个策略中1签只需缴纳1 000元，并且缴纳的钱在卖出后可以循环使用，基本上一个账户中有5 000～10 000元即可进行操作，如果用多个账户打新，总的资金量也不会很高。

2. 缺点

（1）绝对收益不高：这个策略是有收益上限的，基本上一个账户一年赚5 000元左右就差不多到头了，想要靠这个策略赚大钱比较难。

（2）中签概率会进一步降低：这个策略核心的问题还是概率，中签的多少直接决定收益情况，随着大量投资者关注到这个几乎没有任何风险的操作策略而加入打新行列中，后续的中签概率可能会进一步降低。

总的来说，这个策略很适合小资金量的新手用户，因为低风险、高收益，对初始资金不超过5万元的用户非常合适。当然，这个策略笔者建议大家都进行参与，毕竟其风险和收益都很不错，尽管其收益会有上限，但赚钱谁会嫌少。

7.3 可转债打新小工具

相信大家对这个几乎没有任何风险的赚钱策略已经跃跃欲试了，下面再分享一个我使用的小工具——可转债打新计算公式表。

关于可转债打新已经介绍过了，可转债打新唯一的问题就是中签概率，基本上中了就能赚到。那么，怎样提高中签概率呢，可以让家人多开几个证券账号同时打新，这样概率就会提高几倍。要注意一个人的多个证券账号同一可转债只能打新一次，所以要多使用几个人的账号来进行打新。

笔者自己的体验是，基本上一个账户放5 000元就能应对，一般中签都是中1 000元，冻结不到1个月，结合考虑中签概率和冻结时间，基本上一个账户5 000元到1万元就够了。如果有5个账户，就是5万元本金，而可转债打新一年得到20%以上的收益率不太容易。这1万元收益几乎是白送的，大家还是多参与，数额再小也是所得。

但是在账号多了之后收益计算和资金统计就是个问题，另外在持有可转债比较多的情况下，很多时候我们会忘记哪天有哪个账户的可转债会上市，需要卖出。这里分享一下笔者用来记录可转债打新的表格（表格数据为示例数据，见图7-3）。

每一个操作内容占据一行。操作分为本金转入、新中签、卖出、本金转出等。大家可以看到我用了3个账户进行打新，然后向每一个账户转入5 000元。绿色（序号1）的表示该客户指南针已经打新完成，即中签-上市卖出了。每一对绿色操作后都有该笔操作的净赚数、收益率和年化收益率。红色（序号2）为已经确认上市日期，还未卖出，比如建工转债是在1月16日上市，需要在这一天卖出，所以标红进行提示。卖出后则都改成绿色。未标色的为已中签冻结状态，等到确认上市日期后，会添加红色的卖出提示。最底下灰色的两项为明日需要申购的新债，新债申购后，如中签则入金，如未中签删除即可。下部橙色区域可以用来查看每个账户的剩余本金、冻结金额及盈利，也可以看到整体的数据情况。最下面的为单个账户的收益率和年化贴现收益率。

序号	名称	操作	代码	日期	账户1	账户2	账户3
	本金转入			2019/12/25	-5000	-5000	-5000
1	[redacted]	新中签	113558	2019/12/25	1000		
1		卖出	113558	2020/1/14	-1257.3		
2	建工转债	新中签	110064	2019/12/24	1000		1000
2	[redacted]						
3	深南转债	新中签	72916	2019/12/26	1000	1000	1000
3	[redacted]						
4	发米转债	新中签	128089	2019/12/30		1000	
5	唐人转债	新中签	128092	2020/1/1		500	
6	正裕转债	新中签	113561	2020/1/3	1000		
7	璞泰转债	新中签	113562	2020/1/6			1000
8	希望转债	新中签	70876	2020/1/7		1000	
9	百川转债	新中签	72455	2020/1/7	1000		
10	博威转债	新中签	113031	2020/1/14	1000	1000	1000
	柳药转债						
	星帅转债						
			剩余本金	2020/1/15	0	500	1000
今天日期	2020/1/15			投入金额	5000	5000	5000
				冻结金额	5000	4500	4000
				盈利	257.3	0	0
				收益率	5.15%	0.00%	0.00%
				年化收益率	99.47%	0.00%	0.00%

图7-3

收益率用盈利/投入本金计算得来，年化贴现收益率是考虑了每一笔入金、出金时间并进行贴现计算出的年化收益率。这里用的是Excel中的xirr公式，可以直接计算出投资的年化收益率。大家可以关注微博“后厂村名基”留言索要，也可以根据自己的需求自行创建。

第 8 章

蓝筹白马股票投资

股票投资本身是具有非常复杂的体系，在这片领域每天都上演着造富神话，同时也让很多人割肉离场。毫无疑问，股票对于新手投资者来说操作起来并不容易，但股票投资仍是广大投资者都绕不开的一个话题。下面就和大家聊聊新手在进行股票投资时应该怎么决策。

8.1 股票收益的三个来源

股票赚钱的方式，一是股价上涨，二是分红，但这只是表象，为什么股价会上涨呢？股票收益最核心的部分是什么呢？

其实股票股价上涨的最核心因素无非三种：估值恢复、业绩增长和市场高估。

1. 估值恢复

比如，原本正常的行业或企业因为短期的负面消息或者市场情绪变动，变为低估，这时买入，然后随着市场信心恢复，估值恢复，自然就赚钱了，本质就是低买高卖，10元的东西现在只卖5元。

2. 业绩增长

业绩增长是赌企业或者行业的成长性高低。原本企业一年赚1 000万元，现在企业一年赚1亿元，市值和股价自然要上涨。茅台、平安、格力、招行这么多年股价翻这么多倍就是靠着业绩上涨。其本质相当于你用10元买了一个未来值20元的东西，自然会赚。

3. 市场高估

因为短期消息的刺激，原本正常的估值忽然被炒上去了，这时也能赚到钱。比如科技半导体，估计就被推上去了。其本质就是10元的物品被市场错误定价成了20元，那自然也是能赚到钱的。

赚钱这么容易吗？不是的，这三种方式分别有自己的问题和缺陷，下面逐一分析。

估值恢复可能存在最大的问题就是短期内股价会很难看，因为估值恢复需要一个很漫长的周期，低估值标的的估值可能会进一步下跌，可能持续很久，所以就会导致很多人心态崩溃，如银行、地产及各种价值红利指数等。

业绩增长主要存在两个问题：一是对于成长性企业的选择，大家只看到格力、美的，却不知道当年的长虹等企业现在几乎已经消失无踪，选出未来伟大的企业是需要能力和深刻的见解，并不是所有人都可以。二是高成长企业往往有着很高的估值，而一旦没有兑现业绩，往往会摔得很惨。

市场高估自不用说，想靠短期的、不理智的市场行为赚钱，本质就是赌博，怎么赚的，最后也会怎么亏回去。

下面用我自己的操作来举例，2020年初的一波抄底中，25元的万科、15元的兴业、60多元的平安、30元左右的招行，现在看基本上都赚到了钱。而更早的是在2019年初的2500点左右买入的，比如50元的五粮液等，收益率都翻了好几倍。

当然，我目前也持有很多比例的低估指数，这些指数的收益率情况目前来看都比较惨淡。市场上很多时候是有轮动的，有时候低估风格恢复是主线，有时候成长股是主线，有时候短线炒作是主线，我们可能知道当前是什么风格，但我们并不知道这一风格会持续多久。所以，对于非专业的投资者来说，找到一个适合自己的投资方法，然后在适合使用这个投资方法的行情中重仓出击获利，而在其他时间保有耐心就好了。

是否能准确判断后市行情风格，然后针对性地布局和调整策略呢？当然能，问题是我们是否有这个能力。这有点儿像武侠小说，大家不用什么武功都学，然后碰到对手出招时都使出最克制的招数，其实大部分时间只要练精一门武艺，在对战中不管对手出什么招，保证自己不被干掉，然后看准时机一招制敌。总结一下：平时保证不“死”，机会来了一招制敌，我们也能成为高手。

8.2　低估值VS高成长

在2020年年中科技行业大涨时，有人讨论到，目前投资方向已经从之前低估值的银行、地产转移到高估值的成长导向行业，如消费、医药、科技等，主要原因是当时低估的银行、地产估值持续走低，而高估值的消费、医药、科技却在不断升高。为什么会出现这种情况呢？其实这就存在一个很典型的低估值或者高成长的选择题。下面先来分析两者的区别。

投资低估值股票或行业，赚取的收益主要是估值的回升。比如，在同样的盈利条件下，10倍PE估值对应的市值和股价肯定没有20倍PE估值对应的市值和股价高。PE=市值/盈利=股价/每股盈利。就算盈利情况不变，随着估值的提升，市值和股价也会升高，这就是低估值恢复带来的收益。而按照一般的经验，收益稳定的行业和企业的估值往往在一个平均值上下波动，低估值情况长期来看是会恢复的，这就是低估值投资的主要逻辑。

投资高成长股票或行业，赚取的收益主要是企业自身利润的增长，或者说盈利的提高。我们来看公式PE=市值/盈利，在PE估值不变的前提下，盈利水平升高自然会推高市值和股价。这就是高成长企业或行业的投资逻辑。

但这两者都有一些预设条件，比如，低估值投资是在企业或行业的盈利能力不变、估值PE升高的条件下，使得市值和股价上涨；高成长投资是PE估值保持不变，盈利升高，从而引起市值和股价上涨。

先说好的情况，即刚好是低估值+高成长，企业估值升高，盈利水平也升高，这样会使企业的市值和股价飞速上涨，这称为戴维斯双击。这就是为什么大家希望投资低估白马的原因。

当然也有不好的情况，比如，在估值PE处在低位时，盈利水平下降，使得估值PE不但没有恢复反而进一步下跌，从而造成市值和股价大幅下跌，这就是戴维斯双杀。

或者是投资高PE的成长股，盈利水平的增长一旦不能达到预期，估值PE就会急速下滑，形成戴维斯双杀，而高PE估值的下跌往往更加惨烈，这就是很多高成长的“妖股”在被发现预期落空时股价下跌的原因。

那么，我们应如何选择呢？

聪明的读者朋友看到这里应该有一些自己的想法了，即估值的高低代表目前价格的高低；未来业绩的预期代表未来的、可能的实际收益情况。可以选择低估值+业绩稳定的类型，期待估值回升，也可以选择高估值+高成长的类型，期待成长落地。笔者觉得这两者并不互斥，也没有优劣之分。比如，现在的银行和地产，可能会有人问估值还能恢复呢？那不妨也问一下目前被极度高估的芯片、科技，它们未来几年的业绩增长能达到现在的预期吗？

本文并不是排斥大家投资高估值的行业和品种，我也持有消费医药的指数和股票。但很明显，低估值企业比高估值企业有着更高的安全边界，银行半年内夭折的可能性不高，但之前疯涨的科技股呢？一旦出现业绩不及预期，大概率就崩盘了。事实上，找到一个成长确定性高的企业很难，需要对这个企业和行业有深入的研究，大部分投资者并不具备这样的能力。因此，笔者认为，还是低估值投资更适合散户一些。

当然，如果刚好碰到业绩有保障的蓝筹白马，因为短期波动低估了，那真的就要果断出手了。比如，2019年初50元的五粮液，到现在已经翻了3倍。等待蓝筹白马，因为市场波动进入低估区间，然后再开始投资，是适合散户的投资方式。

8.3 行业龙头VS潜力新星

首先，这两种选股基本上都是根据价值投资来进行的。交易流派基本分为两派，一是价投派，二是投机派。价投派主要特点是长期持仓，靠发掘低估标的估值恢复带来的股价上升，或成长型股票业绩爆发带来的股价上升来获利。投机派以短线交易为主，靠市场波动和高卖低买获利。每一派都有很多著名的投资大师，每一派都有其理论依据，且真真正正帮投资者赚到了钱，当然每一派也都面临风险管理以及亏损。由于巴菲特的成名，价投派被炒得很火，隐隐有成为主流投资之趋势，对此我们不用纠结，选择适合自己的即可。

至于价投是靠成长型股票业绩爆发获利，还是靠低估股票估值恢复获利，当然两者都行。但是为什么会有投资行业龙头、行业新贵之说呢？显而易见，如果在茅台、格力、美的、五粮液、伊利等成为行业龙头的企业上市初期，在它们还没有占据很大市场份额的情况下就果断建仓，那么收益将会是十倍、百倍。当然，还有阿里、腾讯这种互联网行业巨头，在上市初期如果看好、选中、买入，收益也是“爆炸”的。再如巴菲特的公司股票，在上市初期，巴菲特以16美元大量增持，结果现在股价是多少呢？一股是340 000美元。

在一家企业成为巨头前，如果买入，等待其成长起来，收益将是会“爆炸”的。这确实是很多投资机构的投资思路。当然在A股市场上，我们也能看到对成为巨头的企业的青睐，比如因特斯拉而上涨的宁德时代，就是未来极有可能成为国内汽车、电池行业龙头的企业，而该企业所在行业的赛道随着新能源汽车经营的逐步发展将无比宽广，所以市场给了宁德时代97的市盈率和格力一样的市值。现在看肯定是高估了，但是万一真的成为巨头，肯定是稳赚的。

道理是这个道理。选对了，收益确实是会“爆炸”，但是唯一的问题是，我们怎么知道它能不能发展起来呢？举个简单的例子，现在大家都知道家电选格力、美的品牌，但事实上在20年前，家电行业的龙头是长虹。现在可能很多人都没听过长虹的名字，长虹还是上市公司，不过现在的市值已经不到格力的1/10。这种情况的未来发展谁能说得准呢。

笔者认为，如果要选成长性的公司，首先要看赛道，也就是看其所在行业好不好。比如宁德时代，属于新能源汽车电池行业，想想都知道未来市场有多大。再如爱尔眼科，观察一下身边戴眼镜的人有多少就知道其未来可能的发展情况。又如报纸、印刷、石油、农林牧渔等行业，未来市场能有多大呢？所以赛道要选好，其次就是决断。同一个行业肯定有多个企业，至于选哪一家是很难决定的。如果自己对行业有研究可能还会有些判断，如果没有的话，可以看看机构的选择，或者看看管理层的选择。

对于普通投资者而言，大多都没有从一个行业中选中未来老大的能力。因此，挑选行业新贵的策略并不适合大部分普通投资者。

有的投资者在担心，以寻找发展形势好的行业的优质公司为核心的价值投资体系，在近年来外资机构的大量进入以及市场效率提升的趋势下，将会面临优质公司的估值中枢不断抬升，价格便宜的优质公司越来越难找，超额回报空间收窄的问题。笔者认为大家可以持冷静的态度，因为市场一再低估了头部公司的优质程度。

很多人都说，如果等到胜负已分，行业格局都已经很清晰了再去买，岂不是晚了？但是我们看美股过去5年、10年中有一个最大的牛股组合叫FAANG——Facebook、苹果、亚马逊、奈飞和谷歌，这5家公司基本上在过去的5年、10年之前，就已经是各自领域的领军者。因此，答案已经很明显——对普通投资者来说，选择优秀的行业龙头进行投资是比选择新贵企业更加合适的投资策略。

8.4 如何投资蓝筹白马股

既然对于普通投资来说，更应该关注和选择优秀的行业龙头，那么，我们到底应该如何选择投资这些优秀的行业龙头呢？这个过程可以分为两步：识别选择对应股票；使用特定策略进行投资。

其实市场上对这类业绩优秀的行业龙头股票有一些特定的称谓，如蓝筹股、白马股。下面具体讲解应该如何投资蓝筹白马股。

8.4.1 什么是蓝筹白马

在前面的分析中，我们一直在提“蓝筹白马”一词，那么到底什么是蓝筹白马股呢？

蓝筹股：股票市场上，投资者把那些在其所属行业内占有重要支配性地位、业绩优良、成交活跃、红利优厚的大公司股票称为蓝筹股。

白马股：一般是指其有关的信息已经公开的股票，由于业绩情况较为明朗，很少存在埋雷的风险，同时又兼有业绩优良、高成长、低风险的特点，因而具备较高的投资价值，往往被投资者看好。

通俗地讲，蓝筹白马股就是业绩优良，在行业内占据领先地位，被广泛认可的股票。我们经常听到的一些明星股票，如茅台、美的、招商银行等股票都属于蓝筹白马股。

8.4.2　如何投资蓝筹白马

1. 选行业赛道

比如，一个行业处在蒸蒸日上的高速发展期，那么这个行业中的领军企业自然会有超高的成长性。相反，如果一个行业处在衰退期，就算是这个行业的龙头企业，也会逐步被时代淘汰。因此，可以多关注一些自己认为所在赛道比较好的行业，如公认的消费、医药、白酒、新能源等，再从中选出优质企业即可。

2. 看估值

蓝筹白马也是股票，是股票就会有估值，不要以为对于这些股票大家都是永远看好的，其实不然，投资者的情绪也会随着市场的变化而发生变化，一旦这些蓝筹白马出现了低估区间，如果再经过分析是因为市场过度紧张导致而非企业自身产生问题，就应该大胆买入。比如，曾经的“塑化剂”使得茅台开始了一波杀估值，股票大幅下挫。当然，如果抓住机会，到如今已经是收益颇丰了。

3. 适度分散

股票相当于指数或者基金来说，风险还是比较大的，虽然蓝筹白马股票整体来说比其他股票确定性高一些，但突如其来的政策、负面新闻、事故等都会对股价产生影响。因此对于新手投资者来说，适度分散非常重要。建议大家持有5～10只股票进行分散投资。

4. 长期持有

投资蓝筹白马的核心优势就是未来业绩的成长性高，这就避免了投资者对自己完全不熟悉行业的未来业绩预测的问题，正是因为未来业绩的高确定性，所有蓝筹白马股的投资策略是需要长期持有，投资周期都是以年为单位的。切勿频繁交易、随意交易，往往得不偿失。

8.4.3 蓝筹白马股有哪些

这里希望大家先确定自己认为好的行业有哪些，在这些行业中又有哪些是业绩足够优秀的蓝筹白马股。对这些需要先有一个判断。

本书整理了15只目前来看可以称得上是表现优秀的蓝筹白马，当然优秀的企业股票不只这15只，这15只也不一定会永远表现优秀，大家还是要能自己进行判断和选择，如图8-1所示。

名称	行业	代码
贵州茅台	白酒	600519
五粮液	白酒	000858
中国平安	保险金融	601318
招商银行	银行	600036
美的集团	家电	000333
万华化学	化工	600309
三一重工	工程机械	600311
海天味业	食品	603288
恒瑞药业	医药	600276
爱尔眼科	医疗	300015
长江电力	水电	600900
伊利股份	食品	600887
牧原股份	农业综合	002714

图8-1

8.4.4 总　　结

本章对于蓝筹白马股并没有讲太多实操性的内容，更多是引导思路和投资观念的讲解，也是希望大家在投资股票之前能有一个正确的投资观。下面总结蓝筹白马股投资的优缺点。

1. 优点

（1）长期持有收益巨大。毫无疑问，不管是茅台、美的、招商、万科，还是阿里、腾讯等，这些公司的股票从今日往前推任意年份买入并持有到今天，都能取得非常可观的收益。

（2）确定性相对较高。在估值合理甚至低估的情况下买入并持有，再加之未来业绩稳定加成，整体投资收益的确定性相对较高。

（3）选择并不困难。事实上，现在市场上有哪些蓝筹白马股是显而易见的，针对这些股票也有大量的专业机构进行分析和讨论，这些对大家的选择和投资都有帮助。

（4）持有压力不大。在业绩有保障的情况下，就算遇到短期回撤，大多数投资者还能继续持有，能否长期持有也是一个很重要的指标。

2. 缺点

（1）风险还是相对较高。这里的风险是与其他投资方式和策略的风险相比，比如前面介绍的低估指数定投、优选主动基金等，它毕竟是股票投资。

（2）投资心态不好把握。股票投资和基金投资不一样，股价交易每时每刻都会发生大幅变化，这对于很多初级投资者来说需要承受很大的压力，很多人忍不住就去看当下股价的走势，然后看着看着就忍不住要操作，这些都是大忌。

（3）优秀的蓝筹白马低估时期比较少。它们毕竟是市场广泛认可的投资标的，低估时间比较少，意味着大部分时间大家都溢价买入，需要时间的作用和后续业绩来抵消溢价。

总的来说，选择优秀的蓝筹白马，在低估时进行投资，分散投资、长期投资，是最适合新手投资者进行的股票投资策略，收益也是比较可观的。但如何控制风险，控制自己盲目操作，需要大家认真去思考。

第 9 章

从趋势轮动到交易策略

前面几章主要介绍的投资策略多数是基于估值、行业选择或者产品本身特性，算是市场上认可度相对较高的投资策略，但事实上市场上还有很多不同的投资策略和投资思路，这些不同的投资策略会在特定的市场阶段有着非常亮眼的表现。下面就和大家解释另外一种投资思路的策略：趋势轮动交易策略。

9.1 投资VS投机

在介绍趋势轮动交易策略前，需要讨论一个问题，这个问题涉及一个在投资领域一直争论不休的问题，对于投资者来说，到底应该投资还是投机？应该关注价值还是技术？

首先说说投机。其实投机是一个中性词，并不是大家现在认为的贬义词。投机是指根据市场情况来预测后市走向，从而进行交易，以获取利益。比如，根据市场情况预测后市将要涨，则买入；预测后市将要跌，则卖出等。在股票发展的很长一段时期（尤其是电脑交易普及之前）及现在，投机仍然是一种很主要的投资方式。投机交易者的一个很重要的特性是需要重点分析市场情况而不是公司本身的发展情况，他们的日常行动就是盯着各种各样的K线图，判断各种各样的数据指标，以此得出下一步操作的依据。投机者多数是以短、中期交易为主，选择的标的也多是流动性大的标的。在这个领域有很多的“大神级”人物，基本上我们常听说的华尔街传奇交易者都是投机交易的“大神”。经过这么多年的发展，投机学也产生了各种各样的流派及各种各样的指标，比如均线、RSI、金叉，布林线等。这就是我们所说的技术派。

现在很多所谓价值投资者对投机策略嗤之以鼻，但我们不能否认投机理论及技术流存在的合理性。历史上及现在仍有大量的人跟踪这些技术指标进行交易并且获利。那原因是什么呢？

9.1.1 羊群理论和心理惯性

信息不对等和投资门槛高让投机者和技术流派有了大量的追随者，但事实上真正让投机者和技术流派赚钱的是投资者心理分析和历史经验的总结。例如，著名的均线上穿理论认为，当一只股票的短期均线上穿长期均线时（如5日均线上穿20日均线），后续有可能股价会进一步上涨，该点即为买入信号点。

这是因为当某一只股票涨得非常好的时候，不可否认该股票会获得更多的关注度，更多的关注度意味着可能会有更多的人买，从而促进股价进一步上涨。看在这个过程中公司的业绩和经验情况可能完全没有发生变化，仅仅是依靠对投资者心理的分析就能得出可以盈利的结论，并且事实上该结论确实是正确的。

除此之外，技术流派所得到的结论和指标也都是根据历史经验得出来的，这一点很有意思。比如，大家都认为在K线图上出现某个指标时后续股价会上涨，而当真出现这个指标时，大家为了获利都会进行买入操作，就真的推动了股价的上涨。当然，实际上技术流标的、指标也非常多样，有些甚至非常复杂，但大多都是依赖于对历史图形的分析。

比如，投机策略中最著名的《专业投机原理》就是很多人必读的投资入门图书，我照着书中的方法找几个例子让大家感受一下。本书选用大家都熟悉的沪深300最近几年的数据。

根据书中的一个指标，可以看到我画箭头的那根绿线穿过一条斜线和最小面的横线，根据技术分析，如图9-1所示，这是一个卖出信号。笔者故意没有接后面的走势图，就是为了模拟在不知道后市发展的情况下进行卖出，看其效果怎么样。那么实际的效果如何呢？

在卖出点后卖出，确实可以让我们避开整个2018年长达一年的下跌，如图9-2所示。

接着上面的走势分析，按照技术分析策略，技术指标告诉了我们一个买入点的位置。我们选择在该点买入，如图9-3所示。

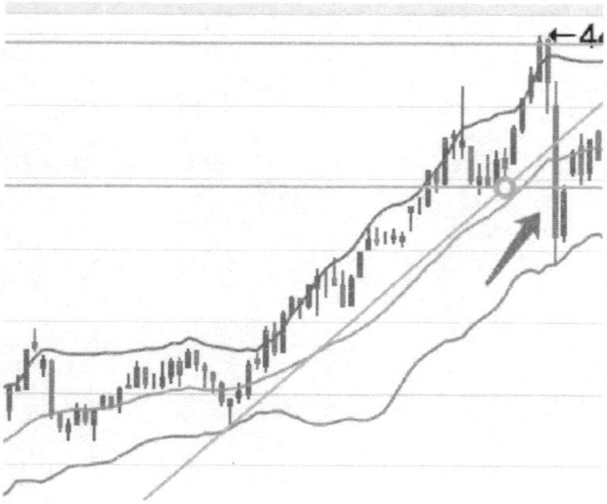

图9-1

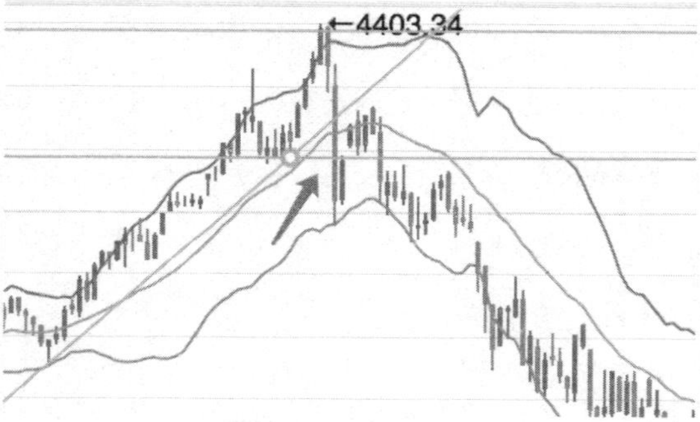

图9-2

图9-3

后市如何呢？看看后市情况，如图9-4所示。

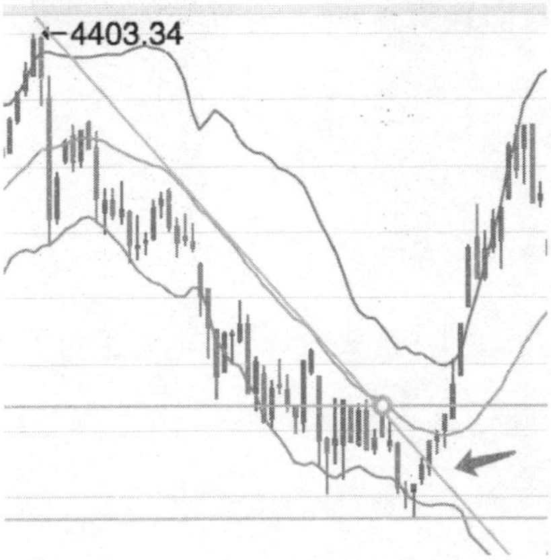

图9-4

确实迎来了上半年的一波大涨。所以，其操作还是很有说服力的。

9.1.2　信息不对称

一家上市公司的运营情况及业务模式虽然会通过年报等方式向大众公开，但实际能看得懂，能真正了解企业的投资者少之又少。这也很好理解，你看看你现在持仓的股票的背景情况，可能你知道这家公司是做什么的，但是其具体的业务模式呢？其市场有多大？竞争对手情况如何？更不要说一些专业的财务指标了。对于大多数投资者来说，门槛确实很高。但投资者能看懂什么呢？就是K线图。如果对着一张图画几条线就能赚钱，那么什么人都能做到。正是因为大部分投资者对财务指标和公司业绩的了解有一定的困难，而选择了更为容易的看图行动模式。

9.2　什么是趋势交易

趋势交易是在股票、期货、外汇等金融交易中所遵循的交易原则。在期货市场上，趋势是期货价格运动的方向，趋势的类型有主要趋势、次要趋势和短暂趋势3种。下面讲解其中较为关键的几个点知识，帮助大家在实战中更好地了解市场和走势。

9.2.1 动量因子

在量化投资中有一个很重要的因子叫作动量因子，是指在一定情况下和时间段内，市场会大概率保持之前的走势。这么说有点儿生硬，用物理学来做个比喻，我们把上涨和下跌分别看作一个物体向前、向后运动，那么在这个物体向前运动并且满足一定条件的情况下（如向前的速度很大，并且还有向前的加速度），那么之后一段时间内这个物体的运动方向大概率还是向前。

换到股市中来，简单地说就是在满足一定条件的前提下，市场上涨或下跌的趋势会继续保持一段时间，即上涨的股票大概率会继续上涨，下跌的股票大概率会继续下跌。

为什么会有这种现象呢？从投资者行为来分析，股价上涨对应着有利好结果产生，因为信息不对等使利好充分释放需要一定的时间（有人先知道，有人后知道，而大家全部知道需要一定时间），上涨的势头会保持一段时间，同时股价上涨会促进投资者对该股票的关注和产生信心，从而进一步促进股价上涨；反之，下跌也一样。所以会有“追涨杀跌”这种交易形式产生。

9.2.2 市场风格轮动

市场风格轮动是随着经济周期和市场环境的变化而变化，不同类型的投资标的的收益会交替领先。举个例子，冬天卖火炉的就比卖扇子的要赚钱，夏天卖冰棍的就比卖热饮的赚钱，这就是最典型的市场风格轮动变化。

那么这个风格轮动有什么用呢？如果我们能发现轮动的规律，每次都买入当前收益最高的标的，那么整体投资的收益非常可观。比如，奶茶店夏天卖冷饮、冬天卖热饮就会比只卖冷饮或者只卖热饮收益高很多。

对应到A股市场，A股基本上分为大盘、中小盘、创业板。大盘基本是市场较大的大型企业，中小盘相对于大盘市值会小些，创业板基本上都是创业企业。对于A股整体市场来说，熊市和震荡市大盘表现会好一些；对于牛市，中小盘和创业板表现会好些。

之所以会出现这种情况，是因为在熊市或者震荡市时，资金更需要求稳，所有人更愿意投资市值较大、业绩较好的大公司；而当牛市来临时，在市场极度疯狂的情况下，大家都希望能买入发展空间更大、更有故事性的企业股票，而这样的企业大多都是中、小、创业板公司。当然，风格轮动不仅仅存在于A股大中小盘间，往大了扩展，比如资产配置，有的年份房价涨得多，有的年份股市行情好，有的年份金价涨得多；往小了说，有的时候白酒行业好，有的时候金融行业好等。

趋势轮动策略是把两个理论结合到一起，这样结合是出于以下考虑：

（1）单一标的的趋势交易策略可以在买入的时候正常买入，但卖出之后就保持空仓了，钱没地方去，比较容易踏空。

（2）对于市场风格轮动，重点和难点其实是判断市场风格和选择投资标的。而它们刚好可以通过动量因子的趋势交易来确认。

那么，如果能结合动量因子的理论，再结合市场风格轮动的理论，每次都买入市场上表现最好的指数股票，收益是不是会相当可观呢？这就涉及介绍的多指数趋势轮动策略。

9.3　趋势轮动策略的搭建

按照上面的思路，笔者自己敲代码实现得出了一个量化策略，历史回溯年化率达到20%，看起来还是可以，如图9-5所示。

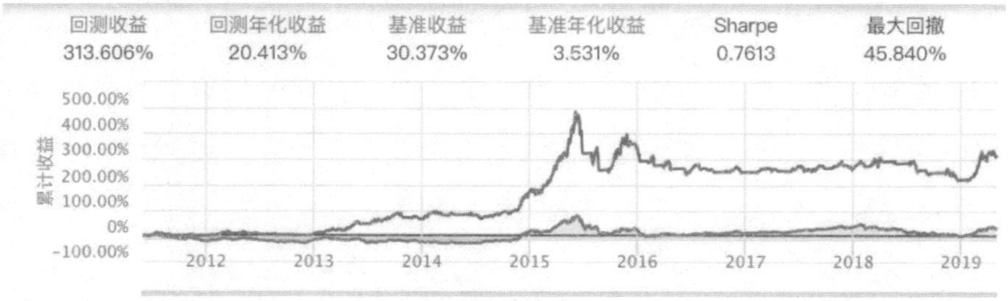

图9-5

先看数据情况，2011—2019年累计收益率为313%，年化率为20.4%，最大回测率为45%。同时，对应大盘的累计收益为30%，也就是说，这个策略的累计收益是大盘的10倍。

1. 投资标的的选择

选择市场风格差异较大的沪深300、中证500、创业板指对应的场内ETF，同时选择国债ETF（000012）。

2. 基本策略和原则

一次投入，每到调仓日根据趋势策略计算最优标的，如无合适标的则选择国债ETF，如果最优标的同上期一样则不操作，如果不一样则全额调仓。

3. 最优标的的选择

第一，当前价格大于近M个交易日均线。

第二，近N个交易日涨幅排名第一。

如果沪深300、中证500、创业指都不能满足以上两个条件，则持有债券。

4. 交易变量和参数

变量M：趋势判断标准中当前价格大于近M个交易日均线。

变量N：趋势判断标准中近N个交易日涨幅排名第一。

变量D：调仓间隔。

变量I：持仓中股基最多占比（通过该比例可控制最大回撤，降低风险，目前默认为1，即可全仓持有股基）。

5. 参数的确认

通过大量的数据测算，笔者选择在过去10年中最优的参数，分别为[15、13、13、1]，即选择当前价格大于近15日均线且近13个交易日涨幅排名第一，每13日调仓一次，最多可100%持有股基。但是在量化策略中有个很重要的概念——过度拟合，即为了策略的历史数据看起来更好而选择一些实际上并无实际意义的参数。这个最优参数中15、13都太过于特殊，有过度拟合的嫌疑。因此，将参数简化成[20、20、10、1]（20个工作日基本上为1月，10个工作日刚好两周）。

最终策略为：每两周进行一次调仓。调仓时在沪深300、中证500、创业板中选择当前价格大于近20日均线且近20交易日涨幅排名第一的标的，如果都不满足，则持有国债ETF。

6. 数据回测

从2011年到2019年，该策略取得了年化20.4%的收益率，对应大盘为3.51%；最大回撤为45.8%，分别如图9-6、图9-7所示。

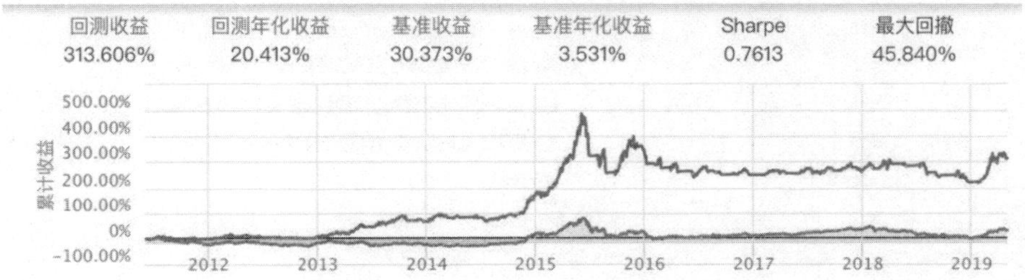

图9-6

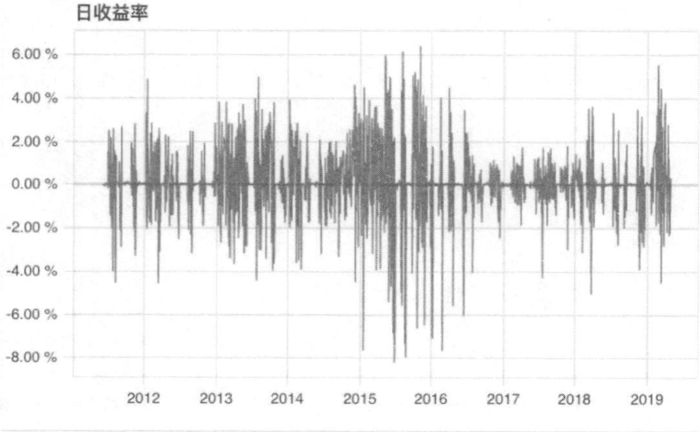
日收益率
6.00 %
4.00 %
2.00 %
0.00 %
-2.00 %
-4.00 %
-6.00 %
-8.00 %
2012 2013 2014 2015 2016 2017 2018 2019

图9-6（续）

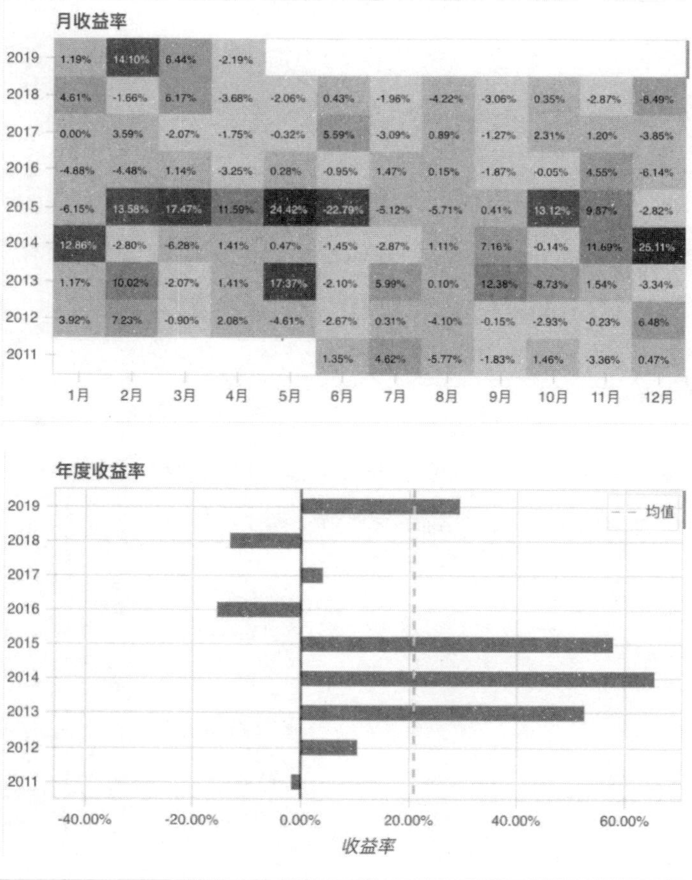
月收益率
2019 1.19% 14.10% 6.44% -2.19%
2018 4.61% -1.66% 6.17% -3.68% -2.06% 0.43% -1.96% -4.22% -3.06% 0.35% -2.87% -8.49%
2017 0.00% 3.59% -2.07% -1.75% -0.32% 5.59% -3.09% 0.89% -1.27% 2.31% 1.20% -3.85%
2016 -4.88% -4.48% 1.14% -3.25% 0.28% -0.95% 1.47% 0.15% -1.87% -0.05% 4.55% -6.14%
2015 -6.15% 13.58% 17.47% 11.59% 24.42% -22.79% -5.12% -5.71% 0.41% 13.12% 9.87% -2.82%
2014 12.86% -2.80% -6.28% 1.41% 0.47% -1.45% -2.87% 1.11% 7.16% -0.14% 11.69% 25.11%
2013 1.17% 10.02% -2.07% 1.41% 17.37% -2.10% 5.99% 0.10% 12.38% -8.73% 1.54% -3.34%
2012 3.92% 7.23% -0.90% 2.08% -4.61% -2.67% 0.31% -4.10% -0.15% -2.93% -0.23% 6.48%
2011 1.35% 4.62% -5.77% -1.83% 1.46% -3.36% 0.47%
1月 2月 3月 4月 5月 6月 7月 8月 9月 10月 11月 12月
年度收益率
均值
2019
2018
2017
2016
2015
2014
2013
2012
2011
-40.00% -20.00% 0.00% 20.00% 40.00% 60.00%
收益率

图9-7

从单月收益来看，单月亏损情况的数量比单月盈利的情况要多，但在2014年、2015年的牛市中准确追踪到最优标的，使单月收益会有极大的提升。从该策略本身来看，该策略比较适用于牛市和熊市的情形，会使牛市入场不至踏空，在熊市退出防止巨额亏损，但在震荡市表现并不好。

这个策略最大的优势就是使牛市时不踏空，熊市时能守住，而绝大多数人投资的收益累计都是在牛市时，并且由于策略本身的调仓机制，不存在入场和退场的时机选择问题，资金流很灵活，不用担心买早了或者卖早了之类的问题。正是因为其资金流灵活的特性，可以作为定投策略的补充计划。

9.4　趋势轮动策略简易版

和大家分享一下趋势交易的量化搭建思路和数据表现，从数据表现中可以看出，趋势交易策略的超额收益还是比较明显的。量化交易是通过计算机算法来进行数据分析和交易指令下达的交易模式，现在在很多投资体系中都有涉及，大家感兴趣的话可以多去学习了解相关指数，但对于大部分初学者来说，量化交易相对来说还是比较复杂，我们也可以自行搭建简化版的趋势轮动策略，来满足我们的日常投资需求。

9.4.1　自行跟踪的简易版

上文中的策略一定程度上需要计算机来执行，对新手并不适用，所以这里介绍一个相对简单、可操作的版本。

首先，简单地介绍这个策略。每两周的周三进行一次调仓，选择沪深300、创业板、中证500中涨得最好的指数进行买入，具体的判断指标是当日股价上穿20日均线且涨幅排名第一，如果都不符合则买入国债。

需要做的就是选择这几只场内ETF基金，在每周三的时候来看看沪深300、创业板、中证500指数的K线和近20日涨幅情况，然后产出交易信号即可。是否上穿20日均线在任何一个券商的K线图上都可以看出来，对于20日的涨幅情况可以看一下4周前的收盘价，然后自己算一下即可得到。

我们来看看这一期的示例分析和如何选择标的，如图9-8所示。

日期	指标	是否上穿	20日前日期	20日前标的	昨日收盘	涨幅	选择标的
2019/7/17	沪深300	否	2019/6/19	3715.94	3806.84	2.45%	创业板指
	中证500	否		4858.92	4932.05	1.51%	
	创业板指	是		1469.99	1545.27	5.12%	

图9-8

比如，这一期沪深300和中证500都不上穿20日均线的指标，仅创业板满足，20日内涨幅最高的也是创业板指，故这一次应买入的标的为创业板指，对应的场内基金为159915。对应场外的创业板ETF联接都可以买。选择还算是比较简单。

这个策略的特点是牛市时能跟上，熊市时能守住，震荡市时表现一般；或者是用高收益来弥补低胜率。策略原理还是趋势交易+市场风格轮动理论的应用。这对于新手投资者比较容易掌握。

9.4.2 投资对应的基金组合

现在很多投资平台甚至基金公司都在创建基金组合，所谓基金组合就是根据市场情况选择几只不同的基金组成的组合，用其进行一次性买入并持有，这种形式目前很受投资者欢迎。目前使用趋势轮动交易策略的组合也比较多，下面介绍蛋卷上的二八轮动策略。

蛋卷斗牛二八轮动是由蛋卷和天弘基金联合发布的公募基金投资策略，

它以代表A股大盘股的沪深300ETF，代表A股中小盘股的中证500ETF和一只债券基金作为投资标的，按一定的规则在这三只基金中切换，希望达到在持续上涨中持有股票基金获得收益，在持续下跌中持有债券基金控制回撤的效果。

从回测和实际运行情况来看，使用这个策略基本能达到策略目标。

（1）持仓标的：沪深300、中证500、备用基金（国债基金或货基）。

（2）调仓策略：每日收盘后产出调仓信号。

选取沪深300、中证500当日收盘价与前20个工作日收盘价中涨幅较高者，如两个均为下跌的情况，则买入备用基金。

如果调仓时持有基金为股基，且持有时间不满7天，则不进行调仓（免除赎回惩罚费率）。

这个组合通过场外基金完成了趋势交易的策略搭建。对于不想自己进行信号跟踪的投资者，直接投资类似的场外基金组合也可以。

9.4.3 总　结

趋势交易和目前很多所谓主流的交易策略还是有一点差别的，但作为整体投资中的补充策略无疑是个很好的选择，下面分析这个策略的优缺点。

1. 优点

（1）在牛市和熊市时表现较好，牛市时会跟上趋势一直持有到趋势结束，基本上可以享受到最大程度的上涨区间的收益，而一般的估值策略在高估时就会止盈，很难享受到完整的收益区间的收益，熊市时亦然，趋势交易在熊市时会保持空仓，等到上涨趋势到来，而估值策略则会在熊市时持续买入。

（2）提示止盈信号。综上所述，在市场疯狂的时候过早退出会损失很大一部分收益，这时就可以用趋势交易来止盈，享受完整的上涨区间的收益，等到上涨结束后再进行止盈操作。

（3）这个策略的逻辑比较简单，虽然看相关的指标和数据分析时会觉得有点儿吃力，但整体策略的内核还是比较简单、清晰的，也比较容易理解和执行。

2. 缺点

（1）在震荡市时表现不好。很明显，在震荡行情中，这个策略会产生很多的无用交易，因此使用该策略在震荡市中表现并不好。

（2）追涨杀跌有违人性。在股票上涨的时候追高，在下跌的时候卖出，其实是一件很违背人性的操作。很容易让普通投资者的心理产生波动。

总的来说，趋势交易给我们提供了全新的交易思路和理念，大家也可以借着它的思路去学习其他的技术交易策略。具体到这个策略上来，笔者认为很适合作为大家投资的一个补充策略，因为A股行情是牛短熊长，而大部分投资收益都是在牛市的时候赚到的，这个策略的核心也是这样。

另外，这个策略也比较适合用来做短期买入卖出点的判断，在长期的大方向确定的情况下再选择具体的买入卖出点。

第10章

给新手投资者的一些建议

投资是一个长期的过程，我们需要不断地学习进步，才能适应市场的变化，取得期望的投资目标。在前面的章节中我们分享了一些投资入门的思路和策略，这些知识和策略可以让你轻松地开始自己的投资之路，但远远不够。作为也是从投资小白一路走过来的我也很想和大家分享一些我的建议和思考，希望能对大家之后的投资之路有所帮助。

10.1 学会衡量和评判自己的投资

所有人在掌握一项技能前都需要不断地学习和改进，投资也是一样，因此，我们要对自己的投资进行一个公正的评价和衡量，并持续改进。除了评价是否达到自己的投资预期外，还有很多可以量化的投资指标，下面介绍一些基本的评判依据。

1. 收益率

收益率是一个很常见的指标，大家投入每一笔投资都会有一个收益率，基本上是大家最关注的指标之一，具体的单笔投资收益率计算公式，即收益/本金×100%，单笔投资的收益率自然越高越好。

2. 单利还是复利

刚开始炒股的人肯定都希望自己的股票能天天涨停。假设一年有250个交易日，每天一个涨停，如果计算单利，1元一个涨停赚0.1元，250天就是25元，虽然一年可以把1元变成25元已经很不错了，但是如果计算复利，即把每天赚的钱也投入进去，那么250天就等于1.1的250次方，约为223亿元。

这就是单利和复利的差别，所以在投资时也应能区分单利和复利。

3. 年化收益率

对于一笔1 000元的投资，10天赚100元和一年赚100元完全不一样，因为在衡量投资效果的时候，需要考虑投资时长，因此需要计算年化收益率，年化收益率=收益/（本金×投资天数）×365，通俗地理解就是计算按此投资方式投资一年能获得多少收益。

4. 复合年化收益

在实际计算自己投资的整体年化收益的时候不会那么简单，比如甲年初投入500元，年末再投入500元，总共投入1 000元，到年末赚了100元；乙年初就投入1 000元，到年末赚了100元。这两者的投资情况完全不一样。在实际投资过程中可能并不会一次性一笔投入，所以需要分笔计算整体的收益率，本质上还是要考虑资金的时间成本。关于具体算法，可以使用Excel中的xirr函数，这里就不展开介绍了。

5. 最大回撤

最大回撤是用来衡量自己投资的稳健程度的。我们可以通过收益率、年化收益等来衡量自己的收益水平，但是中间过程的内容无法通过收益率来进行比较。比如一年涨10%，如果是非常平稳地涨10%，和中间跌20%，最终再涨回10%，显然从稳定性上看前者要优于后者。

怎么计算最大回撤呢？以上证指数为例，可以拉出投资期间每天的点位，然后用当天点位/max(整体点位)-1，就可以算出每天对应的最大回撤的数值，其中最大值就是投资期间的最大回撤。max为Excel的函数。

6. 夏普比率

最大回撤只能表示某个时点的极端情况，那么如何衡量整体的收益和风险呢？在基金评价中经常会使用夏普比率这个指标，夏普比率=（年化收益-无风险利率）/年化收益率波动率。无风险利率一般用银行定期存款或者国债来算，大家按照3%计算即可，年化收益率波动率可以按照Excel中的计算公式=stdev(日收益)×sqrt（250），250是假设一年有250个交易日。

比如，夏普比率为0.88，则说明进行该投资时每0.88份收益是用1份的波动换来的。夏普比率当然越大越好，最好能大于1。

7. 绝对收益和相对收益

绝对收益和相对收益这两个概念很好理解，绝对收益就是我们实际的收益率，相对收益则是对比比较基准的收益。比如，我们一般都会比较沪深300，如跑赢沪深300的12%就是相对收益。注意绝对收益和相对收益的正负并无关系，即有可能绝对收益是亏损的，但是相对收益是正的；也有可能有绝对收益，但是跑输比较指标，相对收益为负。所以在投资时要考虑清楚自己的目标是什么。

以上这些指标可以衡量我们投资情况的指标，可以用在自己的投资中进行总结和反思。

10.2 别把运气当实力

有一个故事，讲的是有两个人A和B，A投资了很多年，收益还可以；B从来没有投资过，攒了一笔钱打算买房付首付。有一天A无意间说自己买的某某产品赚了点钱，B就来问A，A很谨慎地回答说你可以先学习相关指数的知识，用小资金买买基金之类的产品，结果B不知道去哪里加了某短线操作群，开了股票账户每天短线投机。后来A和B遇到，B说自己一个月赚了50%，A表示很担忧，提醒他还是要注意风险，连巴菲特一年也就赚20%，然后B就一笑回应并不在意。

故事的结局不言而喻。大家应该都能想到是一个凄惨的结局。

对于投资新手来说，初期的大涨比亏损要危险得多，因为在没有经验帮助判断的情况下，大涨会让新手们忽视其中的风险，认为投资是一件很容易的事情，并且开始下重注，满仓甚至加上杠杆，结局肯定很悲惨。初期的亏损会让投资者更加谨慎，从而避免更大的亏损，而初期的大涨会让投资者防守松懈然后面临更大的亏损，并且从概率角度来说，一定是会有更大的亏损。

举个简单的例子，一个骰子摇到6你亏1万元，摇到其他的数字你赚1万元，长期来看肯定是好的。一个骰子摇到1～5，资产翻倍，摇到6资产清0，是不是好生意呢？但凡涉及概率，因为墨菲定律的存在，长期来看有可能发生的事就一定会发生，而投资就是一个概率问题，短线投资尤其是，所以一定要避开那些会让你无法翻身的可能，即使可能性很低。这也是我一直说不要加杠杆的原因，因为一旦爆仓，本金就全没了。

对投资者来说（不仅仅是新手投资者），第一要务不是扩大赚钱的概率或者提高每次赚钱的能力，而是保证不“死”。这一点很多人都会忽视，尤其是当牛市来了大家都在赚钱的时候，更是新手刚入市就碰上牛市的时候。比不知道为什么亏钱更可怕的是不知道为什么赚到了钱，千万别把运气当能力。

10.3　给投资做减法

之前同事和笔者探讨关于基建相关投资的问题，他给我看了一个建筑材料的指数，看了下成分股，重仓的是水泥行业等。我回复道对水泥行业研究不深，并且不打算深入追随。说这句话的时候，我忽然想起来刚刚接触投资的那个阶段，也是对各种指数、各种行业和股票都非常热衷，生怕自己错过了什么，但是最终花费大量的时间却取得了很平庸的成绩。此刻有感，想和大家聊聊这些内容。

大家在投资的时候，面对大量的股票、基金，各种理财产品，面对各种大V、学者、教程，会不会突然乱了方寸呢？我猜想大部分投资人，尤其是对投资收益有追求的投资者都会很热衷探索和学习新的知识，往往将自己的亏损归结到自己知识掌握的不全面上，或者对该行业、该产品的不熟悉上，然后就会发现一个又一个的新知识、新产品、新观点、新领域，并一头钻入。这样做是不好的。如果这个人天赋异禀，学什么会什么，这样做的结果就是变成一个什么都略懂而非精通的人；而如果学而不精，甚至学而不得，然后导致自己亏损，久而久之就会使自己对投资失去信心。因此，我们需要对投资做减法。

之所以要做减法，原因有二。第一，我们的精力有限，没有办法详细深入地了解每一个产品、每一个领域。第二，我们的资金量有限，没办法也没必要做到对各个品类都投资。事实上，各个投资大师也都有自己专注的行业和产品，比如长期重仓持有一只或少数几只股票、自始至终坚持遵循一套投资理念和行为标准。很多优秀的风险投资人也都是专注于自己之前从事的行业进行投资，比如医药、互联网等。

而对于我们普通人来说，对投资做减法就更有必要了。普通散户中有多少人能熟读公司财报，从财报中发掘出潜在的问题和漏洞？有多少人能去企业进行实地考察，面对面和管理层交流？有多少人会去调研企业的实际产品销售情况及竞品情况？这些很多人都做不到，还想着跟踪几十只股票、很多行业，是不切实际的。

投资大师们经常讲的一个词叫作“能力圈”，他们经常说不要碰自己能力圈以外的产品，然后说要尽量扩大自己的能力圈。话是在理，但是这是投资大师们说的，他们去扩大自己的能力圈没有任何问题，但是对我们这些小散户来说，真的是还没到扩大自己能力圈的那一步，我们还是先想想怎么建立自己的能力圈吧。

下面和大家分享一些做减法的方法。

（1）剔除不靠谱的产品。比如，期货、贵金属，收益日渐下行的货基（不是说货基不靠谱，而是说将其作为主要投资手段不合算）。

（2）大部分人投资的都是股票和基金，对于股票和基金，可以剔除掉部分行业的产品。比如农林牧渔、钢铁水泥这种周期股等。有人说猪瘟、台风、扇贝跑了这样的事情我们无法控制，但是遇到了就会跌停。因为行业中本来就有好赚钱的和不好赚钱的，有风险高的和风险低的，剔除掉部分行业可以让我们省去大量的精力。建议大家多看看收益稳定、成长性好的行业，比如大金融、大消费、科技等。

（3）剔除部分地区的产品。好公司大多都集中在长三角、珠三角、北京等。

（4）按照指标来剔除。对于这一点可以自由发挥，比如按股指剔除高估的，按市值剔除小市值的，按收益指标剔除不赚钱的，按增长率剔除成长性差的等。

这样一番操作下来，基本上我们的投资就会聚焦到少部分的行业、企业、产品上，这时再去专注地、持续地进行研究和深化，一定是比什么都看、什么都买好很多。投资不是多劳多得，对于普通投资者来说，知道不做什么，不碰什么，比知道要做什么重要得多。

10.4　聊聊财务自由

之前朋友圈流行的扎心三问：

（1）放下手上的工作，你还有其他收入来源吗？

（2）去掉每个月的按揭、开销的钱，你还能剩下5 000元吗？

（3）如果家人或本人突然生一场大病，你手上的存款可以应对吗？

很多人说三个问题问下来，唯一的感受就只有两个字：缺钱。就着这个点，我们来聊聊不缺钱的终极状态——财务自由。

财务自由基本上算是很多人的终极奋斗目标。大家以各种形式努力赚钱、节省金钱不就是为了获得财富、有更大的金钱使用空间吗？财富对于多数人来说是很重要的追求目标。

首先，我们应先明确一个概念，财务自由，其实不是绝大多数人想的那样，想买什么就买什么。可能今天想买个包，后天就想买个车，再过段时间就买钻戒、游艇，是没有尽头的。真正的财务自由是被动收入能抵得过自己的开销，也就是说我们不用上班也有钱赚，并且赚的钱还能支持自己甚至一家人的开销，这时就算是达到财务自由。

为什么财务自由这么诱人呢？因为当自己的被动收入能抵过自己的日常开销的时候，就不需要每天去上班或者担心自己的收入问题，这种状态会带给人空前的自由，因为会拥有极大的自由和时间去做自己想做的事情。能上升到这个层级的人，时间一定比金钱重要，能做什么一定比能买什么重要。这种状态想想才是最诱人的。

所以，真正的财务自由分为两部分，一是增加被动收入，二是减少日常开销。

我们先来看被动收入。什么是被动收入？是指会持续给你带来收入而不需要你额外再投入的收入，也称为睡眠收入，意思就是你睡觉的时候也能给你带来收益的收入。很多人说，怎么会有这种事情？事实是还真有，并且这样的例子还不少。比如，作家写了一本书，出版之后只要有人买就会一直有稿费收入；再如，歌手出了新歌，只要有人付费听就会一直有收入。如果这些例子大家觉得离自己比较远，那就可以举例：自己家的房子租出去就会有持续不断的收入，而我们根本不需要做什么就可以赚钱。再如，我们投资做大了，每年的收益和分红也算是被动收入。

被动收入基本上分为两类，一类是一次性产出的专业成果带来的持续收入，比如书籍、歌曲、版权、专利等。但是很显然获得这种收入的要求非常严苛，虽然是一次性的产出，但是需要大量的前期积累。另一类就是资本带来的收益，比如房租、投资收入，这些无一例外都要求有资本积累，想赚房租起码要有房子，要获得投资收益起码要有本金，并且资本要求比较高，其次要保证资产能带来收益，比如买的商铺没人租，投的股票一直跌，那肯定无法赚到钱。

综上来看，选择哪种方式都不容易。或者需要我们在一个领域有足够的积累和产出，或者需要我们有足够的资本和足够稳定。但是如果真的那么容易，大家也不会去羡慕、追求了。

财务自由另一个关键就是开销。上面说到，被动收入能覆盖自己的开销就算是财务自由，所以，如果我们的开销很低的话，会稍微容易实现。比如，一个月只花500元，那么我们一个月的被动收入能达到500元就够了，但是如果一个月要花10万元还动辄就买游艇、钻戒，就要有更多的被动收入才行。所以，只要我们花钱花得足够少，也是有机会达到财务自由的。

下面我们来看看对于普通人来说，怎样达到财务自由。

首先肯定是要提高自己的被动收入，绝大多数人都是没有被动收入的，但是有了财务自由这个目标后，大家就要有意识地去选择适合的途径以增加自己的被动收入。如果自己有一技之长，就需要坚持将其做到极致，然后想办法变现，这就是很多人提到的“一定要在自己的主业之外找一个副业”。

当然，大部分人很难有这种机会，也很少有办法在短时间内完成这样的积累和实现产出。所以第二种方法就是进行投资，通过获得投资收益来增加自己的被动收入。如果有一天我们的投资收益比工资还要高，那就算是不错的局面了。综上，首先需要增加我们的投资本金的积累，和投资收益率比起来，投资本金的增加往往不太受投资者重视，但是这恰巧对于初期投资者来说反倒是最重要的。

第 11 章

基金投资组合

前面介绍了很多投资策略和投资方法，不知道大家掌握得如何？可能还有很多小伙伴认为道理都懂，但实操还是太麻烦，或者工作太忙没有时间进行实操，其实，目前投资市场上已经有很多成熟的投资策略产品，本章介绍这些成熟的投资策略供大家选择。

11.1 资产配置——人民币全球投资策略

本节介绍方三文的人民币全球投资组合，这里有必要和大家介绍一下方三文，其是投资论坛雪球的创始人和董事长，雪球目前已经是广大投资者热衷的股票信息交流平台，我自己也在用，同时雪球旗下的蛋卷基金也是通过基金组合硬生生在基金代销不太好做的环境下从各大流量巨头中抢到了不错的市场占有率。算是我比较崇拜的一个人。所以第一个就来介绍他的这个“人民币全球投资组合”

1. 一句话描述

这是一个基于资产配置思路构建的公募基金组合。

2. 主理人描述

这个组合，应该基本囊括了全球最优质的资产。按这个组合进行投资，不一定能大富大贵，但一定不会被全球财富增长的快车抛下。

3. 投资理念

这个组合是基于资产配置的思路构建的。资产配置理论的主要观点认为：投资收益大部分来源于资产配置而不是择股择时；股权是长期回报率最高的资产之一；用多类资产配置的组合波动会小于单一市场和单一资产。比较适用于承认自己没有选股能力、择时能力的投资者。

4. 持仓规则

这个组合并没有明确的持仓规则和逻辑，也没有调仓、择时买入这样的逻辑。仅从资产配置理论来说，将自己的钱按照约定好的比例配置到不同的资产上。就完成了投资。

下面是期初主理人列了一个投资目标标的：

（1）景顺长城沪深300量化增强。沪深300是A股市值最大的300家公司，以金融、制造等传统行业为主，应该说是A股市场上最优质的资产。景顺长城沪深300量化增强过去相对于指数，持续有超额收益。

（2）易方达标普信息科技，跟踪标普信息科技指数，主要成分股是大家耳熟能详的全球科技巨头，比如Google、Facebook。

（3）交银中证海外中国互联网指数基金。指数成分股是海外上市的中国优质互联网公司，应该是目前中国行业处境最好、治理结构最优的公司。

（4）德国30。全球传统制造业的精华。

（5）富国富钱包货币基金，作为固收产品和备用现金配置。之所以配置了20%的货币基金，是因为我认为现在全球股市并不算低估，所以留了20%的固收仓位备用，不排除在估值变动的情况下这部分仓位会全部换成股权。

5. 历史收益情况

该组合目前整体收益38.79%，年化收益11.49%（截至2021年6月25日），如图11–1所示。

图11–1

6. 当前持仓

当前持有7只基金，包括纳斯达克100、沪深300指数增强、富国富钱包货币、华宝香港大盘、华安德国30、中概互联50ETF联接人民币、华宝香港中小。具体的基金代码及持仓占比如图11-2所示。

基金名称	持仓占比
易方达纳斯达克100指数 QDII型 161130	27.12%
景顺长城沪深300指数增强 指数型 000311	22.61%
富国富钱包货币 货币型 000638	13.71%
易方达中概互联50ETF联接人民币A QDII型 006327	10.28%
华宝香港中小 QDII型 501021	9.61%
华安德国30（DAX）ETF联接 QDII型 000614	9.22%
华宝香港大盘A QDII型 501301	7.46%

图11-2

7. 小结

之所以第一个组合介绍这个，是因为这个组合对新手比较友好。

作为投资者，我们需要时刻牢记一个观点，就是投资不是让你一夜暴富的。一旦有了慢慢变富的理念，就会避免因为冲动、自负做出错误的决定，也会让我们更加正视风险。

资产配置就是这样一个思路。最开始资产配置主要是针对富人的，因为对于富人来说，不需要冒着极大风险去赚钱，而是应该考虑怎样守住自己的钱。投资的安全性是首要的。而资产配置的理论也就是通过选择多个相关性不高的资产，来达到降低风险的目的。

回到刚刚那个问题，这个对新手友好在哪里呢？

（1）资产大类配置，风险很低。

（2）不择时不择股，减少了犯错的机会。虽然很多人诟病不择时不择股，但是其实大部分投资者都是瞎择时择股，对于这种还不如不择时择股。

（3）投资的资产都是长期看来收益比较好的标的。沪深300、互联网等，这些标的的选择在整体风险较低的情况下，还会获得经济发展的红利。

（4）策略适合人群：投资新手，对投资市场关注度不高的投资者。

11.2　零钱管理——货币三佳

之前和大家聊过投资资金的划分，即对于一个人或者一个家庭，应该如何分配投资资金。对于这个问题，大部分理财建议都是将钱分为四个部分：一是活期管理，二是稳健理财，三是长期投资，四是保险保障。我们应该根据自己实际的资金量和风险性、年龄段等来平衡每部分的比例。

本节要介绍的这个策略——货币三佳，就是一个很好的活期管理的产品。对于活期管理来说，流动性是首要因素，其次需要保障不能亏损，综上，货基是活期管理的最优选择。但是目前货基品类很多，收益水平参差不齐，我们应该如何获得更好的收益呢？下面介绍一款货币三佳产品。

1. 一句话描述

每月选择收益表现最好的三只货基进行轮动，在保证流动性和盈利的前提下，获得最大的收益。

2. 主理人描述

本产品只投资货币基金。市场上流行的余额宝、理财通、朝朝盈等产品所投资的就是货币基金。货币基金是由基金管理人运作，基金托管人保管资金的一种开放式基金，专门投向风险小的货币市场工具，具有高安全性、高流动性、稳定收益性，具有“准储蓄”的特征。

3. 投资理念

在保障组合货基特性（流动性+不亏损）外，需要尽可能地提高收益，但是一旦添加非货基的资产，就有可能在短期内出现亏损风险。所以，怎样在纯货基组合内提高收益，是这个组合需要考虑的问题。

市场上货基产品很多，但是收益参差不齐，忽高忽低，既然货基都有流动性+不亏损的特性，那么把货基中收益最好的搞成一个组合，然后进行轮动，就能获得远超货基平均水平的收益水平。

该组合就是在保证流动性和本金安全的前提下，追求更高收益，适合低风险用户进行投资，也适合作为活期流动资金管理工具进行投资。

4. 持仓规则

持仓规则很简单，每次买入将资金分成三份，买入当前市场上收益最好的三只货基，然后每月进行调仓，保证持有的一直是收益最好的货基，从而达到战胜货基平均水平的目标。

（1）将起购金额低于1 000元的货币基金列为备选货币基金；

（2）每个月第三个周二，通过量化计算备选货币基金过去四周的非交易日的收益率表现，考察基金交易状态和起购金额，优选排名前三的货币基金进行轮动。若遇到非交易日，则在之后的第二个交易日调仓。

5. 历史收益情况

该组合成立于2017年1月17日，截至2021年6月25日，七日年化为2.55%，历史上均稳压货基平均水平，如图11-3所示。

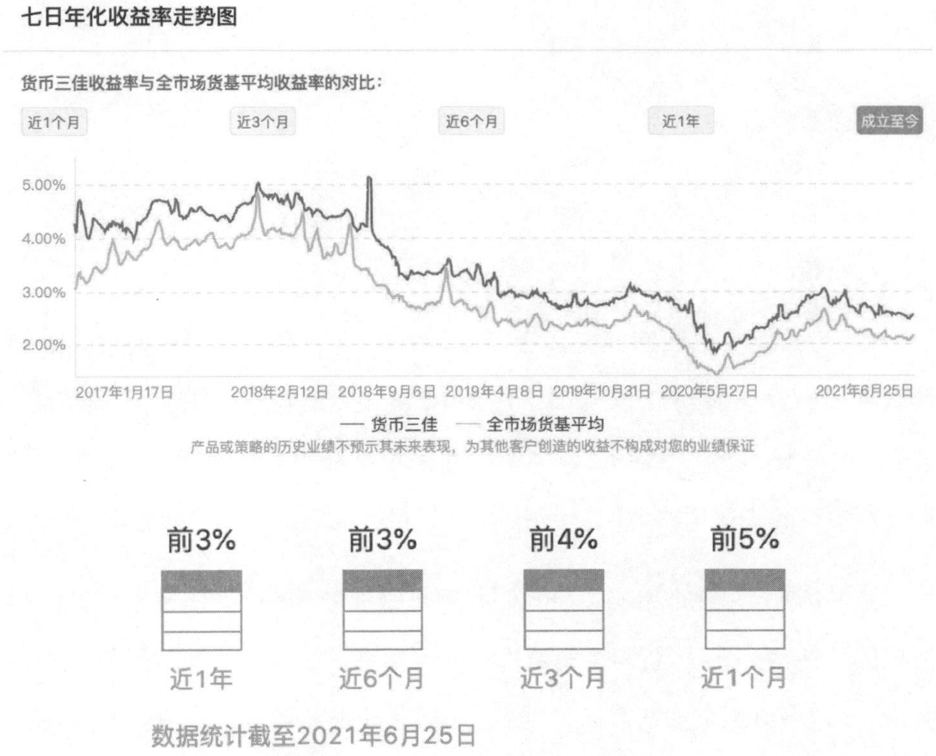

图11-3

由图11-3可知，这个组合本身是很优秀的，但是货基整体的收益率跌得太厉害了。

6. 当前持仓

当前持有三只产品分别如图11-4所示。

当前成分

本产品当前所含的成分基金及其比例

名称	占比
鹏华安盈宝货币 000905	33.16%
广发天天红货币B 002183	33.55%
南方天天利货币B 003474	33.29%

图11-4

7. 小结

第一层观点，活钱管理是很重要的，很多人可能没有储蓄的习惯，或者直接就把所有钱都投到股票、基金、定期中，结果日常花销靠花呗，紧急用钱靠借呗，这不是一个好的经济状态，对个人和对家庭都是风险很大的。所以，我们一定要有活钱管理的意识，比例多少可以自行规定，但是一定要有。

第二层观点，这个策略本身我们看到是很有效果的，稳压普通货基，并且期望的属性都满足了。但这个策略本身并不复杂，我认为这个策略不是什么基金公司，或者高级的投研团队才能做出来的，而是任何一个对投资有理解、对这种产品有需求的人都能想到的。并且这个策略本身实现逻辑也不负责，我们每个月自己拉一下货基收益排行也能实现。好的策略重点不是想不想得到，重点是在于有没有想。

第三层观点，要是两年前，这个策略无疑是一个非常优秀的策略，年化接近5%，流动性好，不会亏损，不会爆雷，收益碾压全部货基，简直是“神仙”产品。但是现在因为整体货基市场的变化，导致这个策略只能作为活钱管理的中转站。所以，世上没有什么一成不变的交易规则和方式，因此千万不要故步自封停止不前，不然赚多少钱都会还回去的。

策略适合投资者：对亏损极度厌恶的投资者、少仓位作为家庭活期零钱管理的储备。

11.3　趋势交易——二八轮动

二八轮动这个策略本身比较简单，但是在历史上创造出来非常耀眼的成绩。各大投资平台也都有类似的策略，这里介绍最经典的蛋卷的二八轮动。

1. 一句话描述

在大盘小盘风格中切换轮动，以赚取超额收益。

2. 主理人描述

蛋卷斗牛二八轮动是由蛋卷和天弘基金联合发布的公募基金投资策略，它以代表A股大盘股的沪深300ETF，代表A股中小盘股的中证500ETF，和一只债券基金作为投资标的，按一定的规则在这3只基金中切换，希望达到持续上涨中持有股票基金获得收益，在持续下跌中持有债券基金控制回撤的效果。从回测和实际运行来看，它能基本达到策略目标。

3. 投资理念

二八轮动主要有两个理念：一个是风格轮动，另一个是趋势交易。

风格轮动是指在市场上往往一段时间内有的指数涨得快，有的指数下跌，如果我们能抓住这个机会，每次都买入上涨的指数，而避开下跌的指数，则会取得非常高的收益。当然这个轮动的前提是选择的标的相关性不高，如果标的相关性高，大家一起涨一起跌，那就不会有轮动产生的超额收益了。而市场上往往会有大小盘的风格差异，即大盘涨小盘跌，小盘涨大盘跌，基于此风格轮动的标的选择了数量占20%的大盘股指数和数量占80%的小盘股指数。

选择好指数后就要确定买入规则。二八轮动采用趋势交易策略，即当前趋势下涨得好的，大概率后市会继续保持上涨的姿态，当前趋势下跌的，大概率后市会持续下跌。策略依据主要是动量因子理论和信息不对称及羊群心理。趋势交易算是量化策略中使用率比较高的策略了，大家后面可以了解一下。

4. 持仓规则

持仓标的：沪深300、中证500、备用基金（国债基金或货币基金）。

调仓策略：每日收盘后产出调仓信号。

选取沪深300、中证500当日收盘价与前20个工作日收盘价中涨幅较高者，如两个均为下跌，则买入备用基金。

如果调仓时持有基金为股基，且持有时间不满7天，则不进行调仓（免除赎回惩罚费率）。

5. 收益情况

该策略2015年4月成立，至今收益率为128.9%，同期沪深300收益率为46.71%，如图11-5所示。

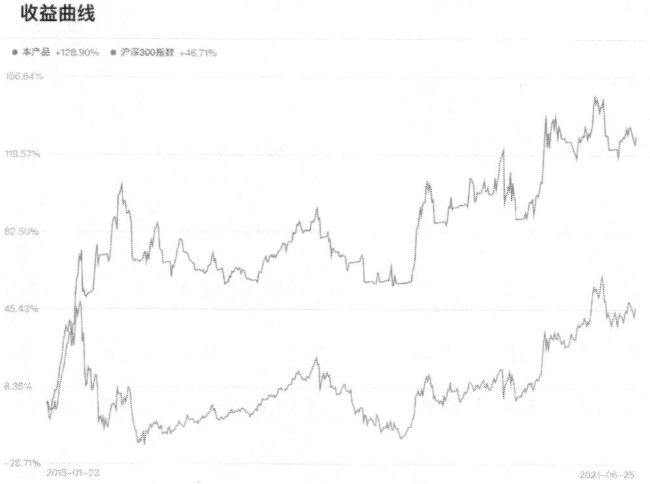

图11-5

6. 当前持仓

当前持仓为中证500，对应基金为天弘中证500指数A。

7. 小结

我也做指数趋势交易策略，选择的标的是沪深300、中证500和创业板。风格轮动前几年非常火，数据回撤中个别情况下能达到3年10倍的疯狂收益。当然历史情况也不代表未来，但是也不能掩盖这个策略的迷人之处。

迷人在哪里呢？或者说，一个好的策略迷人在哪里呢？

（1）足够简单。这个策略一句话就能讲明白，比起其他复杂的策略不知道清晰多少倍，千万要记住，投资不是种地没有多劳多得，也不是绣花，越复杂越容易出问题。

（2）足够有效。历史回撤数据和实盘运行都能验证。

（3）有足够的理论支撑。风格轮动和趋势交易都是比较成熟的策略，从市场行为学到心理学都可以论证。

简单地来说，这个策略最大的特点就是，牛市能跟上，熊市能守住。

另外，关于这个调仓是每日调仓，见仁见智，每日调仓当然是足够灵敏，但是会有大量的无用调仓，并且会有交易手续费。我的策略是每两周调仓（10个工作日），大家可以参考。

策略适合人群：有一定风险承受能力的长期权益投资者。

11.4　生命周期管理——×0后投资组合

这个×0后策略是蛋卷上一个很有名的生命周期策略，是大部分人不怎么经常关注到的点。本节和大家分享。

首先来看看这个系列都有什么：10后育儿、00后教育、90后自强、80后奋斗、70后自由、60后栋梁、50后养老。

其实这个系列名字拉出来大家就知道这个组合是什么思路了，这是一个生命周期理财组合，就是针对不同年龄段用户，制定的适合其当前预期收益和风险情况的策略组合。这个组合厉害在哪里呢，理论上我们可以一直买下去，比如我们现在是90后买入、90后自强，等到10年后，这个90后自强中的策略就自动变成现在80后的仓位，然后变成70后、60后、50后等。也就是说，这个组合会随着发行时间进行逐步调仓，从而构建一个可以服务于完整生命周期的投资组合。

1. 一句话描述

该系列组合是一种生命周期基金组合，可匹配各个年龄段的投资需求，并且随着目标人群年纪增长，会自动进行仓位调整，从而过渡到相应的年龄段配置。

2. 投资理念

这个组合最主要的投资理念就是“随着年龄的增加，我们的投资应更加注重风险”。因此，其实整个组合持仓的标的就那几只，除了基本的再平衡外，最主要的逻辑就是随着时间的增加来减少股基的占比，从而降低风险。

另外一个投资理念就是，全生命周期投资理念，或者称为永续理念。这一点其实还挺重要的，很多人年轻时候并不知道存钱，到老了没有养老金就很尴尬了。

3. 持仓规则

整个组合持仓标的统一，按照沪深300指数、中证500指数、黄金、债券进行分布。其中初始比例分为两部分，一部分为股基，另一部分为其他。股基占比按照当前年份来实时计算。计算公式为[1-(当前年份-目标年份)/100]×0.5，最大为0.5，最小为0。

这么说肯定都看不懂，举个例子。

在2019年，我们以80后人群为例，“当前年份”为2019年，目标年份为80后人群中位数1985，则80后奋斗策略中股基占比为[1-(2019-1985)/100]×0.5 = 0.33，即2019年80后奋斗该组合中沪深300和中证500一共持仓占比应为33%。而2020年，该比例就变成[1-（2020-1985）/100]×0.5=0.325，看到了吗？随着年份的增长，80后年纪增大，该组合自动调低了股基的占比，从而降低组合的风险。

同理，在2019年，目标年份为90后人群中位数的1995年，对于90后自强组合来算，股基比例为[1-（2019-1995）/100]×0.5 =0.38，懂了吗？2019年90后因为比80后年轻，所以持仓中股基比重要高（38%>33%）。年纪越大，为了降低风险，股基比例就越小。

定了股基和其他基金整体比例后，再来看看单个基金具体的比例。这个组合总共有5只基金，其中沪深300：中证500为7：3；博时信用债纯债A：天弘永利债券E：黄金ETF为2：1：1。这个比例在买入时是固定的，所以按照当前年份和你选择的×0后组合，再加上这个比例，就可以算出每一种基金的具体占比。

4. 调仓逻辑

调仓逻辑分为两部分：一是每年第一个交易日会调仓，调整当前股基整体比例，具体算法就是上面那个。这个调仓就是保证全生命周期投资的关键所在。另外就是每个月会进行判断，如果有单个基金的占比偏离目标占比25%以上，则进行再平衡。这个也好理解，涨得多的卖一点，跌得多的买一点，轮动一下。

5. 历史收益情况

这个策略因为有多个策略组合，所以收益情况就不单独展示了，总的来说权益仓位占比越高的（如10后、00后）就和沪深300的走势趋同性更高。而权益仓位比较少的（如70后、60后等）走势则更加平稳、稳健。

6. 当前持仓

该组合标的基金分别为博时沪深300指数、天弘中证500指数、博时信用债纯债债券、博时黄金ETF联接、天弘永利债券E。

当前各个策略的基金持仓比率如图11-6所示。

基金组合	股基整体比例	沪深300	中证500	博时信用债	黄金	天弘债
10后育儿	48.00%	33.60%	14.40%	26.00%	13.00%	13.00%
00后教育	43.00%	30.10%	12.90%	28.50%	14.25%	14.25%
90后自强	38.00%	26.60%	11.40%	31.00%	15.50%	15.50%
80后奋斗	33.00%	23.10%	9.90%	33.50%	16.75%	16.75%
70后自由	28.00%	19.60%	8.40%	36.00%	18.00%	18.00%
60后栋梁	23.00%	16.10%	6.90%	38.50%	19.25%	19.25%
50后养老	18.00%	12.60%	5.40%	41.00%	20.50%	20.50%

图11-6

7. 小结

怎么样，这个思路和之前分享的基金策略完全不一样吧。

之前分享的策略，不管是资产配置、轮动、趋势交易，还是选基金经理、买债，核心点都是收益和风险。但是从来没有人告诉我们，你应该期望多高的收益，你不能承受多大的风险。这个策略组合还蛮别致的，因为它通过年龄段匹配的形式，替我们选择了适合我们的收益和风险的组合占比。这一点值得我们借鉴，即我们需要清楚地认识到，当下的自己，需要一个什么样的投资策略，需要期望什么样的收益，需要面对什么样的风险。注意，是清楚的认识，而不是泛泛的要越高越好的收益、越低越好的风险，也不是我们随便在风险策略上选的那些选项。这一点在我们以后的投资中需要时刻反省。

当然，很多人可能不知道怎么评估。这是需要根据你现在的收入、负债、现金流、开销、家庭情况、未来发展等综合评价的。是很难，但是请一步一步做起来。

另外一个值得我们思考的点，就是全生命周期投资。理论上你买入对应的产品后，就可以一直投资到老去，因为这个组合会根据我们的年龄段来进行调仓。这一点在我们的日常的投资过程中也需要思考，当前我们应该怎么投资，以后我们应该怎么投资，为我们的父母、子女应该怎么投资等。投资不是赌博，赚一波就跑，所以要有一个长期的纲领和目标。还有就是这个所谓的按年龄降低组合风险，事实上就是每年降低一点股基的整体占比。

那么这个策略适合什么投资者呢?

首先说说这个系列组合最适宜的场景。是的，没错，就是养老。不管是为了现在的自己，还是为了父母，抑或是为了自己的子女，都可以用这个组合来进行养老金的储蓄积累。大家不要小看了养老金储蓄，事实上在发达国家养老金是强制必须储蓄的，我国现在也要求强制的养老保险。这个组合确实很适合拿来作为一个以生命周期为维度的养老储蓄计划。

当然，这个组合也有弊端。比如，如果不是作为养老储蓄，那么组合的收益和风险控制都一般；但是作为养老储蓄又没有强制的定投和封闭期要求，很容易中断和放弃。因此我建议，如果你是一个有很多资金量且追求稳定（注意不是收益的稳定，而是长期生活稳定）的投资者，可以适当进行投资。

分享这个组合是为了介绍全生命周期投资这个概念，以及根据年龄和生命阶段来进行收益预期和风险控制调整的思路。希望能对大家有帮助。

11.5 斗牛八仙过海

本节要介绍的是蛋卷的斗牛八仙过海，本质上也是一个趋势交易策略，但是和之前介绍的趋势交易不太一样的是，这个策略在大类资产的趋势交易上增加了行业轮动，算是进阶吧。

1. 一句话描述

基于趋势投资逻辑，结合行业主题指数配置而成的策略组合。

2. 主理人描述

“蛋卷的斗牛八仙过海”是由招商基金提供基础策略，蛋卷基金开发而成的策略组合。以下3个理由告诉你它为什么值得关注：

（1）根据市场趋势及行业走势完成资产动态配置，解决投资者无法把握市场趋势的难题。

（2）严格的趋势判断信号，低频交易，冷静的趋势派。

（3）精选资产池，涵盖地产、金融、大宗商品、消费、医药，优中选优。

3. 投资理念

八仙过海，最主要的投资理念就是趋势交易。趋势交易这个概念此前已经多次介绍，之前的二八轮动用到了趋势交易，但是它们的标的仅为大盘小盘和债，判断确实的标的相对来说单一一些。八仙过海策略，底层标的是包含大盘、主流热门行业在内的8只指数，通过趋势进行选择其中涨势最好的标的进行买入。

为什么要将标的扩展到行业指数呢，因为如果我们认为趋势交易策略有效，那么我们每次买入的都应该是市场上涨得最好的，后市也会是涨得最好的标的。在这种背景下，我们自然要尽可能多地选择相关性比较低的标的，同时要选择波动性相对较大的标的，以保证每次买入的标的在后期都能获得远超大盘的超额收益。在这一背景下，这个策略自然就将标的扩展到行业指数，最终选择8只指数作为持仓标的。

4. 持仓规则

持仓标的：地产等权指数、沪深300高贝塔指数、中证银行指数、大宗商品指数、中证白酒指数、中证煤炭指数、生物医药指数、证券公司指数。

调仓频率：每日进行调仓判断。

买入信号：如T日上证50指数上穿40日均线，且T+1日指数依旧上穿40日均线，同时T+1日K线不被T日包含，则为买入信号。

卖出信号：如T日上证50指数下穿40日均线，且T+1日指数依旧下穿40日均线，同时T+1日K线不被T日包含，则为卖出信号。

当产出买入信号时，则买入标的池中近10个交易日涨幅最大的3个标的。当产出卖出信号时，则卖出全部标的买入国债。

这里需要介绍一下调仓逻辑，因为这个逻辑依旧有点儿复杂。

调仓逻辑先通过上证50指数来判断是要买入还是卖出。之前的二八轮动中的趋势是通过一段时间内的涨幅大小来判断的，这里是通过K线上穿下穿均线来判断的，关于K线均线这里就不展开了。大概了解一下就是，上穿下穿均线，说明当日的走势突破了近期的平均走势（均线就可以是近期的平均走势），上穿意味着急涨、下穿意味着急跌。另外，买入卖出信号中后面的“T+1日继续上穿（下穿）均线，且T+1日K线不被T日包含”，这个条件是为了防止单日的巨大波动造成的扰动，这两个附加条件加上就有保证了，即出现了急涨急跌、并且在第二天也保持这个走势。因此可以看作是买入、卖出的信号。

卖出信号产出后换成国债，这个没什么介绍的。买入信号产出后，买入的是8只标的中涨得最好的3只标的，这个也是趋势交易思路，认为这3只涨得较好的标的在后市也会涨得较好。

5. 历史收益情况

该策略成立于2015年6月5日，收益率为103.91%，同期沪深300为0.18%（截至2021年6月27日），如图11–7所示。

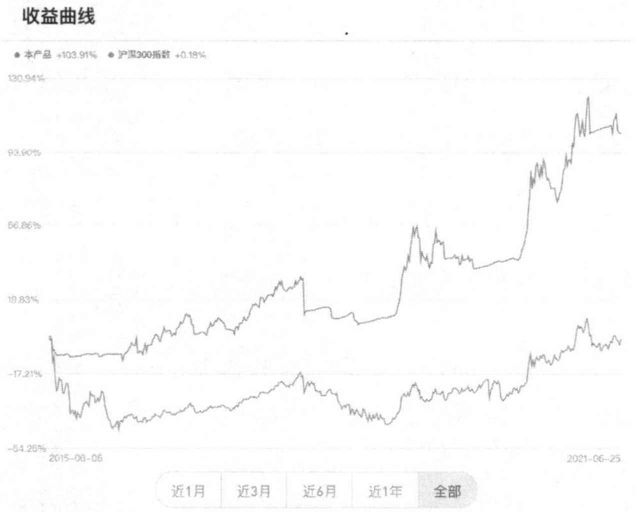

图11–7

6. 当前持仓

当前持仓为债基。策略的整体产品池如下（这个策略是招商银行和蛋卷合作的，所以底层都是招商银行的基金）：

（1）招商信用添利债券。

（2）招商中证大宗商品指数。

（3）招商沪深300高贝塔指数。

（4）招商中证全指证券公司指数。

（5）招商沪深300地产等权重指数。

（6）招商中证银行指数。

（7）招商中证煤炭等权指数。

（8）招商中证白酒指数。

（9）招商国证生物医药指数。

7. 个人点评

之所以和大家分享这个策略，是因为介绍了根据K线均线来做趋势交易的一个思路，事实上这个在技术投机流VS价值投资流中的技术流中是一个非常常用的指标，同时也是各种量化策略中很关键的一个指标。虽然现在很多价值投资者对技术指标都不屑一顾，但是不管白猫黑猫，能赚到钱就是“好猫”，技术流派中很多技术指标都是之前的投资大师从千万人中“冲杀”出来所总结的经验，真的不是毫无意义。

这个策略还有一点，即通过一只上证50大盘指数的趋势来判断是否买入卖出其他8只标的。这个也很有意思，为什么上证50产出了买入信号的时候，其他指数就一定可以买入呢？我认为，因为判断大盘有可能要上涨、下跌时，往往意味着大盘中的主要行业指数等也大概率会上涨、下跌，并且在买入标的的选择中，是8只中选择涨得最好的3只，加上这个过滤就算是一个双重保障。但是你要说这个完全没有误差，也肯定不对，但是比起8只标的一只一只判断买入卖出，这种通过大盘来统一判断的策略显然在整体性和统一性上更好。

我们再来看看这个策略选择的标的指数。如果上面的调仓逻辑大家看不懂，可以看看这个策略的标的，因为这个标的选的很有水平。通过8个指数，基本上涵盖了方方面面的行业，包括金融（银行、证券）、消费（白酒）、医药（生物医药）、地产、能源（中证煤炭）、大宗商品，这里面选择的行业都是主流行业，并且可以覆盖到各个市场行业，比如牛市（证券、地产）、熊市（银行、白酒、医药），能源和大宗商品算是周期指数，还有一个百搭的沪深300高贝塔。在日常的投资选择中，也可以多关注这些标的，并且了解每个标的指数的不同风格，来构建适合自己的投资策略。

这个策略不管是投资标的的选择，还是调仓逻辑都是比较优秀的。另外，从历史回撤数据来看，也能跑赢大盘取得超额收益。就算大家不打算直接投资，关注这个策略每天产出的信号和标的，也会让我们对当前市场热点和走向有一定的了解。当然，所有趋势交易都会有的弊端是，在震荡市表现的会很挣扎，很多人在短期的收益波动和亏损之后就会放弃，但是事实上长期坚持下来，就会收到很不错的回报。不仅仅是针对这个策略，我们的投资，也一定要保持耐心，慢慢变富。

第 12 章

进阶投资初探

前面介绍了很多投资理论、投资策略，更多的是面向新手投资者，当然，面向新手投资者的投资策略相对来说较为简单易用，随着投资者自身投资能力的不断提高，会面临更多的投资策略和投资产品，本章简单介绍一些进阶的投资策略和产品。

12.1 网格交易

之所以叫网格交易，是和其交易策略和特点有关，比如，一个投资标的目前的价格是100，我们人为地将其价格按照一定规律画出不同的等级（所谓的网格），比如75、80、85、90、95、100、105、110、115、120等，然后剩下的操作只需等价格波动到对应的网格线就触发交易，比如跌到95买100份、跌到90再买100份、涨到105卖出100份、涨到110再卖出100份。如此简单操作，直观感受就是价格被画成了一个个的网格，触达到对应网格即触发交易，所以被直观地称为网格交易。简单来说，网格交易法也称为等差数列递增交易法或者等比数列递增交易法，一句话概括就是追跌杀涨，特点是回撤小、风险低。

这个方法在震荡市中有着非常好的表现，根据数据统计，A股过去80%的交易时段都处于震荡期，而A股的特点又恰好是牛短熊长，因此网格交易还是值得一提的。

图12-1所示为网格交易法的精髓，网格交易买入时和定投一样，但不同的是，网格交易过程中每上涨一格就得卖出一份，就好比定投的同时还要“定赎”，因此网格交易的交易频率比较高，不太适合懒人投资。

由于网格交易模型具有低位加码、高位减码的特点，因此可以大幅降低投资回撤，且有效提高获得正收益的概率。

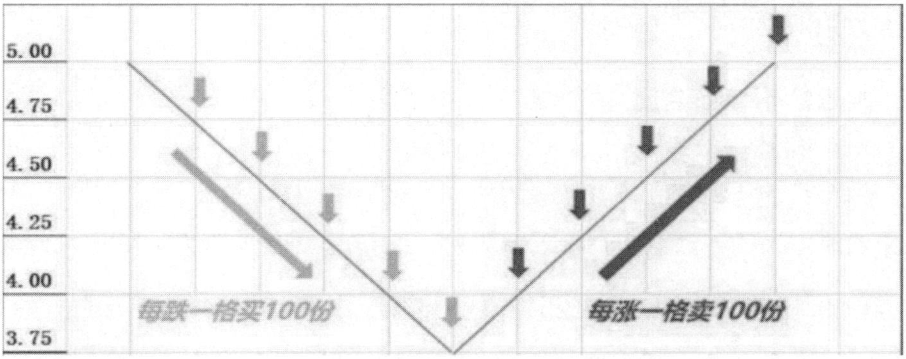

图12-1

网格交易的操作攻略分为五步：标的选择、建立底仓、设置网格间距密度、确定每格资金量、执行交易。

1. 标的选择

首先网格交易最好选择股票账户能交易的标的，因为网格交易要时刻报买单和卖单，以确定价成交，因此场外基金相对来说不是很合适；其次网格交易还要选择长期上涨确定性高的标的，在单边下行的趋势里任何多头策略都无法盈利。

满足这两个条件最好的标的就是指数ETF基金，其次还可以选择一些大盘蓝筹股，但我更推荐ETF，因为指数ETF长期上涨确定性比股票更高。

2. 建立底仓

操作网格最好的时机就在熊市，首先建立一个用于网格交易的底仓，这个根据市场估值而定，比如，现在估值较低则底仓可达到40%～60%。以易方达中证500ETF为例，目前中证500的估值处于合理偏低估，假设手头有资金47万元，因此用25万买入收盘价5元的易方达中证500ETF5万份作为底仓，剩余

22万元暂时不动。

3. 设置网格间距密度

目前易方达500ETF收盘价为5元左右，据中证500的历史最低点位来看，未来将有25%的下跌空间，因此设置易方达500ETF底部价为3.75元，价格间隔为1.25元，顶部价则设为6.25元。我们设立上下5格，每格等距0.25元，建立网格，如图12-2所示。

6.25				
6.00				
5.75				
5.50				
5.25				
5.00				
4.75				
4.50				
4.25				
4.00				

图12-2

4. 确定每格资金量

接下来是计算每格的交易量，如果市场单边下跌，那么剩余资金22万元的话可以在收盘价4.75、4.50、4.25、4.00、3.75刚好各买入1万份ETF。因此设置每格交易量为1万份ETF。

5. 执行交易

先分析第一种情况，市场先上涨，再下跌。

开始先在收盘价5.0时建仓5万份ETF，如果收盘价从5.0涨到5.25，则抛1万份ETF，并接着挂5.5的1万份ETF卖单和5.0的1万份ETF买单。

如果收盘价继续涨到5.5，则继续抛1万份ETF，向上挂5.75的卖单，向下挂5.25的买单。如图12-3所示，后续收盘价一路涨到6.25，于是卖出所有的网格，随后价格开始下跌，6.25跌到6.0，于是买入1万份ETF，并挂6.25的卖单和5.75的买单。最终收盘价跌回5，累计又买入了5万份ETF，还获得5个格子（10 000×0.25×5=1.25万元）的利润。详细交割单如图12-4所示。

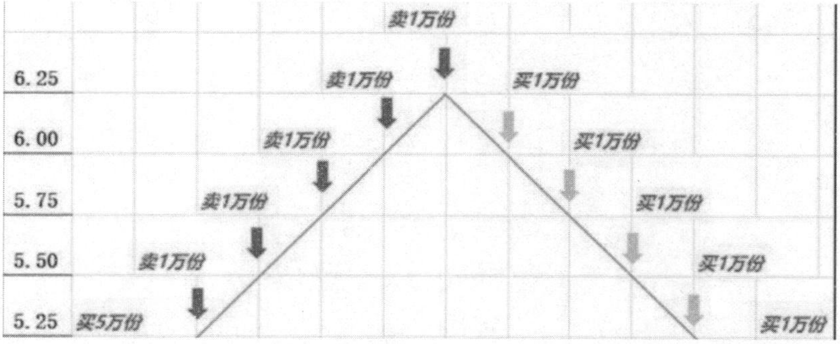

图12-3

收盘价	买入份额	持有份额	市值	现金
5.00	50000	50000	250000	220000
5.25	-10000	40000	210000	272500
5.50	-10000	30000	165000	327500
5.75	-10000	20000	115000	385000
6.00	-10000	10000	60000	445000
6.25	-10000	0	0	507500
6.00	10000	10000	60000	447500
5.75	10000	20000	115000	390000
5.50	10000	30000	165000	335000
5.25	10000	40000	210000	282500

图12-4

在持有ETF份额不变，且最终收盘价没变的情况下，我们通过网格交易法，获得了1.25万元的盈利。

第二种情况，市场先跌，再上涨。

如果市场价先下跌至3.75再反弹到5.0，按照跌买一格，涨卖一格的方法，那么依然可以获得5个格子1.25万元利润，如图12-5所示。

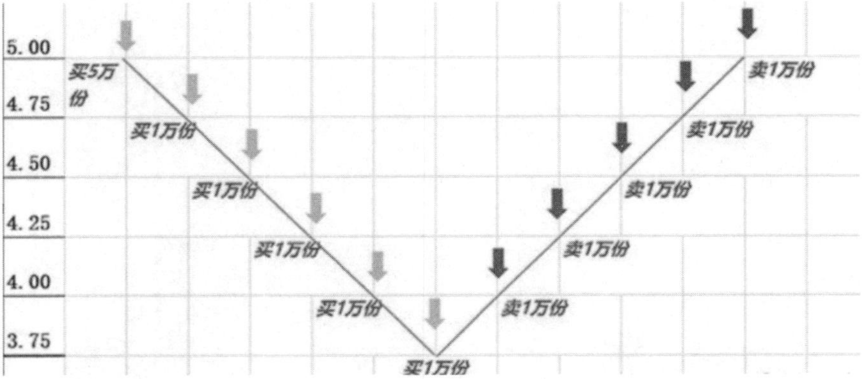

图12-5

详细交割单如图12-6所示。

收盘价	买入份额	持有份额	市值	现金
5.00	50000	50000	250000	220000
4.75	10000	60000	285000	172500
4.50	10000	70000	315000	127500
4.25	10000	80000	340000	85000
4.00	10000	90000	360000	45000
3.75	10000	100000	375000	7500
4.00	-10000	90000	360000	47500
4.25	-10000	80000	340000	90000
4.50	-10000	70000	315000	135000
4.75	-10000	60000	285000	182500

图12-6

但这里存在一种极端情况，假设市场跌到3.75依然继续下跌，这时已经没有资金补仓了怎么办？

这种情形俗称破网，发生这种情况就很尴尬了，只能“死扛”，但由于我们选择的是长期大概率上涨的宽基ETF，因此也不用慌，默默持有即可。

而且即使是破网，相比开始时一次性买入回撤也更小，4.75直接下跌到3.5时回撤达到26.3%，但通过网格交易使回撤降低到17.6%。

当然，实际情况远比前面分析的两种案例更加复杂，但万变不离其宗，不管K线如何变动，只要最终收盘价回到原点，收益都取决于你卖出的格子数。

如图12-7所示，共卖出6格，获得0.25×6=1.5万元利润。

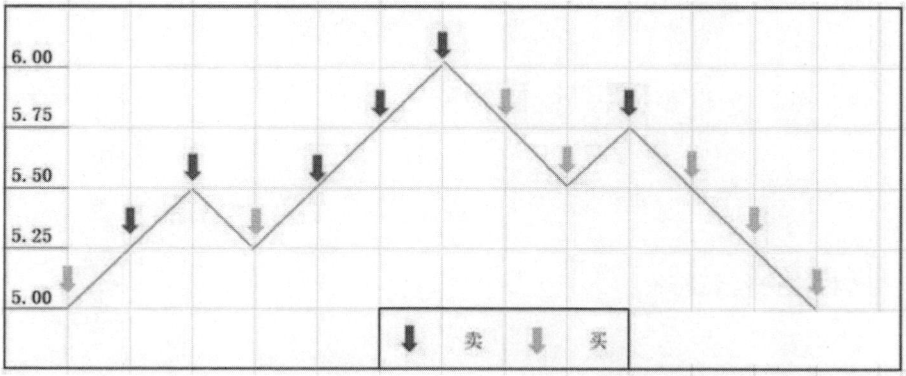

图12-7

案例中网格交易每卖出一次，获得一格2 500元的网格收益。

因此，从理论上来说，交易频率越高，卖出网格数越多，盈利越高。

如果一个指数历史上大部分时间都在震荡，这其中要触发数十上百次网格交易，因此这也给网格交易法带来了超高的收益空间。

网格交易最基本的要求还是建立在长期收盘价至少能持平或者上涨的前提下，因此一定要选择长期上涨确定性大的标的投资。

这里列出一些适合做网格交易的标的如下：

（1）宽基指数ETF

中证500、沪深300、上证50、中小板指、创业板指、深证红利、上证红利等。

（2）行业指数ETF

中证消费、医药300、中证信息技术、中证环保、券商等。

（3）smart beta指数ETF

国信价值、红利低波、500低波、央视50、基本面50等。

（4）高分红蓝筹股

格力、美的、伊利、双汇等。

（5）其他ETF

华宝油气、黄金ETF等。

最后：案例中的网格交易只是我们列举的一个最简单的模型，实际上网格交易有无数的变种，比如，格子间距可以根据交易频率进行调整，如果从原先的0.25下调到0.1甚至更低，那么交易频率将大大提高，获利空间也更大，但是我不建议上班族把格子间距做太小，根本顾不过来。

另外，网格间距除了等差，还设置成等比，即每上涨下跌3%～5%买卖一格的形式，这样效果更好，但计算也更复杂一些。

还有网格交易一定要学会预估最大跌幅，否则极端行情就很可能会破网，这时能不能拿得住就看你的心态了，不过我们可以通过同时操作多个网格来弥补单网格容易跌破网的尴尬情况，但务必要在熊市操作多网格策略，因为牛市高位操作多网格，可能会全部破网。

说了那么多网格交易的优点，别以为它就是完美的，网格交易的缺点也非常明显，那就是资金利用效率不高，由于是分批建仓，单边牛市肯定是跑不过全仓的，就和定投一样，可以降低回撤，但要丧失很多的潜在收益，有得必有失，没有完美的策略，只有适合的人。

12.2　量化交易策略

所谓量化交易，是指通过数据指标进行分析计算得出交易策略，和一般的投资策略相比，量化交易更多是数据和模型的计算结果，而不是一些定性的主观判断。所以量化交易的优势可以借助计算机和海量数据来不断寻找、优化、训练投资策略和模型，因为是计算机根据计算结果产出的策略，也能规避掉个人在投资中的心理波动等不利因素。

国内的量化策略可以简单分为3个类型，Alpha策略、CTA策略及高频交易策略。

1. Alpha策略

Alpha策略包含不同类别：按照研究内容来分，可分为基本面Alpha（或者叫财务Alpha）和量价Alpha。业内普遍不会将这两种Alpha完全隔离开。但是不同团队会按照其能力、擅长方向等，在做因子上有所偏向。有的团队喜欢用数据挖掘的方式做量价因子，而有的团队喜欢从基本面财务逻辑的角度出发，精细地筛选财务因子。按照是否对冲可以分为两类：全对冲的叫作Alpha策略，不对冲的在市面上常被称作指数增强策略。二者所用模型一样，但后者少了期货的对冲。缺少对冲有坏处也有好处，坏处是这种策略的收益曲线会有较大的回撤。但好处是，在大涨的年份，这种策略的表现会特别好；从长期看，公司可以赚取Beta分红收益，并且可以吸引看好指数的客户。相比之下，对冲Alpha策略一般在大牛市中会远远跑输指数；此外不对冲的好处是节约资金，对冲的Alpha策略至少要放20%～30%的资金在期货端用来做保证金。

2. CTA策略

CTA（Commodity Trading Advisor，商品交易顾问），即商品交易顾问基于对商品或股指等标的物的未来价格走势做出的预判，使用期权期货等金融衍生工具进行做多或做空的投资操作，为客户赚取来自股票、债券等资产类别之外的投资回报。由于CTA的交易对象通常是商品期货和金融期货，所以CTA策略也被称作管理期货（Managed Futures）策略。CTA策略的特点是收益风险比Alpha低。但是在行情较好的年份收益可能会很高，尤其是在早期。而且无论是在编程还是策略上，CTA入门的难度相对来说都是最低的。

这3个类型的量化策略按入门难度来说，最难的肯定是高频交易，其次是Alpha策略，最容易入门的则是CTA。当然，这并不是说高频交易就是最难的策略类型。这3种策略想要做好都是非常难的。我认为，想要做好一个策略，最难的应该是Alpha。因为好的Alpha策略可以管理几十亿元，甚至上百亿元的资金规模，每年带来上亿元的收益。

CTA的核心在于分散投资。具体来说有以下三个维度：多品种、多策略及多周期。简单地做一下计算，比如你的策略一共覆盖了10个主流的品种，而策略类型则大致分为相关性较低的三类，并且这三类策略中每一个你都可以在5分钟、半小时和日线三个周期上去运行。那么即便你单独一个策略运行在一个品种的某一个周期上的夏普比率只有1甚至不到1，你最终组合的夏普比率可能运气好的话会在2左右。

CTA策略最早期的时候，研究平台都使用一个叫交易开拓者的软件，就是俗称的TB。目前，这个软件也可以用来对CTA做初步了解。因为TB上有很多技术指标以及相对传统的策略可以作为大家的入门教材，并且它也支持实盘交易。当然不太建议大家用它做实盘交易，实盘交易还是老老实实等自己的策略真的完全成型了再说，毕竟亏钱还是挺容易的。

3. 高频交易策略

高频交易策略，高频交易在国内的主要应用有以下几类，期货趋势、期货套利、期货做市、股票T+0及全做市交易。做高频交易的基本上都是私募，但高频交易的产品基本上不会对外募集或者极少对外募集。高频交易有收益高回撤小的优点，但是做高频的软硬件投入也都昂贵（如一台服务器的花费在8万～10万元）。所以去募资的话可能是得不偿失的，一般都是自营资金在做。